Eugénie De Carufel

Le labyrinthe névrotique

Récit

Les éditions CARUFEL

ISBN

Préface

J'ai voulu écrire cet ouvrage dans le but, sans prétention, de divertir et d'éclairer le lecteur sur ce syndrome plutôt loufoque et méconnu. Certaines histoires choqueront plusieurs d'entre vous, mais telle n'était point mon intention. Je n'ai voulu qu'être totalement authentique dans mes ressentis et mes interprétations.

En espérant que mon récit pourra apporter un certain soulagement aux lecteurs qui sont à la recherche d'eux-mêmes dans ce labyrinthe qu'est la vie. Par souci d'anonymat et de protection, les noms et prénoms des personnages ont été changés.

Table des matières

I

Ma naissance

Je m'appelle Annabelle Montminy. Je suis née à la campagne, dans un petit chalet inachevé situé sur une ruelle sans nom que l'on appelait « Notre-Rue ». Sans indications claires, il était difficile pour les visiteurs de trouver cet endroit isolé. « Notre-Rue » ressemblait davantage à un sentier sablonneux et rocailleux, bordé de maisons modestes où vivaient des gens tout aussi ordinaires.

Dans ce cadre paisible et champêtre, ma naissance fut une véritable catastrophe naturelle qui déclencha une vive panique. Lorsque ma mère Léane ressentit les premières contractions et perdit les eaux, elle s'installa en urgence entre deux chaises dans la cuisine, les jambes écartées, prête à m'accueillir dans cet environnement encore rudimentaire. Mon père Adrien, entendant les lamentations de ma mère, lui lança : « Que fais-tu là ? » À quoi ma mère répondit : « Je vais accoucher ! » Quelques heures plus tôt, elle avait consulté son gynécologue. En constatant que son col de l'utérus était dilaté de trois centimètres, il lui avait lancé en plaisantant : « N'éternuez pas trop fort, le bébé va sortir ! » Alors que ma naissance approchait, mon père, dans une panique inexplicable, sortit précipitamment de la maison.

Pensait-il que ma mère ne lui accordait plus aucune importance et que son aide était devenue inutile, puisque tout l'amour qu'elle lui portait s'était désormais transformé en un amour maternel débordant pour moi ? Ou croyait-il que je pouvais accomplir ma naissance de manière autonome ? Mon père montrait déjà un manque de soutien envers moi, me rendant vulnérable à l'insécurité affective dès mes premiers instants. Si j'avais pu naître seule, j'aurais implicitement démontré que je n'avais besoin de personne pour me guider dans ce monde. Tel aurait été mon désir. Mon père rentra précipitamment à l'intérieur. Il avait finalement préparé la voiture pour emmener ma mère à l'hôpital. Ma mère, en attendant, maintenait ma petite tête, qui pendait entre les deux chaises. Je ne pouvais plus attendre; j'étais impatiente de découvrir mon nouvel environnement. Étonné de me voir dans cette position, mon père cria à ma mère d'un ton autoritaire : « Ne pousse pas la tête ! » Il craignait que, en poussant, ma mère tente de me faire revenir en elle pour me faire naître à l'hôpital. Quel type d'être humain peut avoir une telle pensée ?

Sans attendre la contraction suivante, il saisit ma petite tête avec une force brutale. Ma mère criait de douleur, mais surtout par peur qu'il ne m'arrache la tête. Il semblait totalement indifférent à mon intégrité physique. Pour lui, un corps de petite fille sans tête valait autant qu'un corps entier. Comme beaucoup d'hommes de sa génération, il considérait les femmes et les petites filles comme largement inférieures à la gent masculine. Heureusement, après avoir saisi vigoureusement ma tête, mon corps suivit sans difficulté. Instinctivement, je m'adaptais déjà à la brutalité de la situation, me laissant porter par le courant de la vie. J'avais néanmoins des marques d'ongles sur le front. Mon père a assisté ma mère dans l'accouchement avec une brutalité digne de l'époque des hommes des cavernes, où la délicatesse était inexistante.

Trop affolé pour conduire lui-même et se rendre à l'hôpital comme prévu, mon père décida finalement d'appeler les services d'urgence pour demander une ambulance. Cependant, vivant dans un endroit non répertorié, il dut garer sa voiture au coin de la rue, allumer les feux de détresse et espérer que les ambulanciers puissent le repérer. Ensuite, il alla chercher des ciseaux pour couper le cordon ombilical, mais ma mère, prise de panique, lui cria de toutes ses forces : « Non ! Ne fais pas ça ! » On lui avait déjà dit qu'un cordon mal coupé pouvait mettre en danger la vie de la mère et du bébé. J'étais déjà plongée dans un tourbillon de conflit et de chaos…

Notre maison semblait invisible aux yeux des autres ; tout le monde passait sans s'arrêter, y compris les ambulanciers. Ils arrivèrent donc en retard. Entre-temps, ma grand-mère s'était jointe à nous et, tout comme son fils, elle était stupéfaite par l'accouchement. Elle s'exclama spontanément : « Léane, qu'est-ce que tu as fait là ? » Comme si ma mère avait donné naissance à quelque chose d'extraordinaire ou d'anormal. Pourtant, l'évidence était claire : moi, Annabelle, j'étais là, sur le ventre de ma mère. Je n'avais toutefois pas encore d'identité propre, le cordon ombilical étant toujours attaché à moi. Probablement, dans l'esprit de ma mère, le cordon ombilical était perçu comme un lien indissociable entre nous. Sans en être consciente, j'étais condamnée à vivre sous cette surprotection maternelle, ce qui avait pour conséquence de maintenir une dépendance et d'entraver ma quête d'autonomie.

Ma mère avait demandé à ma grand-mère de lui apporter la pompe nasale pour éliminer les obstructions possibles. En proie à la panique elle aussi, ma grand-mère ne parvint pas à distinguer la pompe nasale de la pompe rectale. Heureusement, les ambulanciers arrivèrent à temps pour prendre le relais et couper le cordon, mettant ainsi fin au chaos familial que ma naissance avait déclenché.

Par la suite, je découvris ce monde de névroses de manière sensorielle, en touchant, léchant et suçant tout ce qui se trouvait à ma portée. Selon certaines sagesses bouddhistes, tout est vibration et la matière émet des ondes qui se propagent dans toutes les directions. Dans mon exploration ouverte et candide de l'invisible, je me nourrissais de ces ondes vibratoires en mettant tous ces objets inconnus dans ma bouche. J'apprivoisais cette nouvelle vie en goûtant l'absurdité de leur existence, ce qui rendait leur saveur amère. Le goût des humains me semblait encore plus amer, et leur odeur irritait mes voies nasales. Mon hypersensibilité se fragilisait au contact de cet air impur que les adultes et les objets m'insufflaient.

En vieillissant, je pris conscience de l'existence des monstres et des squelettes. En effet, depuis ma chambre, on pouvait accéder à la cave où mon père, jadis, avait enterré quelques squelettes. Pour y parvenir, il fallait passer par une trappe qu'on soulevait. La cave était inachevée et saturée de sable, et plusieurs monstres y résidaient, se nourrissant des squelettes. Je redoutais toujours de tomber dans cette cave par la trappe laissée ouverte, craignant que mon petit corps de fillette ne serve de nourriture aux monstres. Cela peut sembler exagéré, mais ce n'était pas le cas dans l'imagination d'une petite fille.

Mon sommeil en était d'autant plus cauchemardesque. Tous les jeunes enfants redoutent l'obscurité lorsqu'il est temps de dormir, mais rien n'était plus terrible que de laisser une petite fille seule dans une chambre comme la mienne. Je rêvais souvent des monstres imaginaires qui hantaient la cave de la maison, et parfois, ils me blessaient aux côtes. C'était une véritable torture. Ces cauchemars ont laissé un traumatisme qui perdure encore aujourd'hui. Je déteste désormais qu'on me touche à cet endroit. Le manque de soutien affectif que je ressentais amplifiait l'obscurité, la rendant encore plus oppressante qu'elle ne l'était en réalité. De plus, ma chambre était éloignée à une distance interminable de celle de mes parents. J'étais condamnée à affronter les pires créatures de l'univers dans ce gouffre de solitude. Les rêves traumatisants peuvent persister indéfiniment dans notre esprit, engendrant des peurs irrationnelles pour l'avenir.

Mes parents avaient également contribué à engendrer en moi des peurs irrationnelles. Mon père, par exemple, vivait dans une sorte de bulle qu'il s'était fabriquée au fil des années pour échapper à ce monde qu'il trouvait terriblement angoissant. Au niveau affectif, il était complètement absent, car toutes ses émotions étaient emprisonnées dans cette bulle, inaccessible à quiconque. J'avais appris à rester sage pour éviter qu'il ne sorte brusquement de cette bulle et ne se transforme en une sorte de monstre aux pulsions agressives. Pour lui, seule la force physique comptait ; il affirmait que s'il perdait un combat de rue, il se suiciderait.

Quant à ma mère, c'était une femme très anxieuse avec de grands besoins affectifs, qui m'imprégnait de son insécurité face à la vie. Ce lien angoissant, qui me rattachait à elle pendant toutes ces années, avait altéré mon développement personnel, me maintenant sous l'emprise de son identité et de ses besoins. Cela m'empêchait de développer mes propres valeurs et de découvrir ma véritable nature, rendant difficile la distinction entre ce qui m'appartenait réellement et ce qui provenait d'elle. Ce lien avec mes parents inhibait mon tempérament exubérant et passionné, façonnant en moi, la petite fille que j'étais, la sagesse d'un ange, la douceur d'un mot d'amour et la discrétion d'un chuchotement. Pourtant, toutes ces autres facettes demeuraient en moi. Le contraste devenait d'autant plus frappant lorsque ces pulsions réprimées par mon subconscient refaisaient surface.

Un jour, une jeune voisine, pour laquelle je n'éprouvais aucune affection, me vola une poupée que je traînais avec moi. Pour la récupérer, je me vis contrainte d'élaborer un stratagème. Je l'invitai à me suivre dans la salle de bain en prétendant qu'il y avait une surprise. Une fois dans la salle de bain, je la poussai dans le bain ! En tombant, elle n'eut d'autre choix que de lâcher ma poupée, que je réussis à récupérer. À cet instant, une vague d'angoisse m'envahit : je redoutais sa vengeance. Je m'enfuis alors à toute vitesse, me dirigeant vers les adultes qui se trouvaient dans la cour arrière.

J'ai souvent rêvé que je fuyais des méchants qui me voulaient du mal. Pour me protéger, il m'arrivait parfois de devoir les éliminer à grands coups de poignard. Cependant, une grande peur m'assaillait : je redoutais qu'un seul coup de couteau ne suffise pas à les détruire complètement, craignant qu'ils ne ressuscitent et ne se jettent de nouveau sur moi. Par conséquent, je les découpais en plusieurs morceaux pour être certaine de leur mort. Je me suis souvent demandé si ces rêves n'étaient pas le reflet de mes craintes face à l'éventualité que la petite voisine cherche à se venger.

J'ai été éduquée dans un environnement où les modèles masculins étaient particulièrement angoissants. Mon cousin, Esteban, avait perdu sa famille dans un terrible accident. Mes parents, d'un commun accord, avaient décidé de l'adopter, et il était devenu mon frère. La nuit, il se donnait parfois pour mission d'arpenter la cour d'un voisin éloigné pour tuer ses animaux à coups de poignard, s'attaquant surtout aux coqs.

Quant à mon père, je le voyais trancher la tête de ses poules, les observant courir dans tous les sens, affolées, avant de s'effondrer au sol. Nous devions ensuite les préparer pour en faire notre plat principal, que nous accompagnions de légumes aux couleurs vives et de purée de pommes de terre. La vue de ces beaux légumes me permettait d'oublier les scènes horribles auxquelles j'avais assisté quelques heures auparavant. Insidieusement, je compris que la beauté avait le pouvoir de nous aveugler, de nous adoucir et de nous aider à digérer l'horreur. Je me persuadais alors que pour échapper à la cruauté, il me fallait devenir la plus belle femme du monde. Naïvement, je croyais que ma beauté me protégerait contre toute méchanceté.

Les poules hystériques sans tête étaient probablement à l'origine de mon appréhension face à la perte de ma propre tête. Dans mes rêves, je perdais souvent littéralement la tête et devais la maintenir de mes deux mains pour éviter qu'elle ne tombe. En réalité, c'était particulièrement la tête de mon père qui suscitait le plus de préoccupation. Mon père semblait parfois délirer, convaincu que des caméras l'épiaient partout : dans le téléviseur, dans la cuisine, dans la chambre à coucher, et même sur l'autoroute. Le trouble délirant paranoïaque est l'un des plus difficiles à traiter, car les personnes qui en souffrent ne reconnaissent pratiquement jamais leurs délires. Demander de l'aide leur est inconcevable, car la paranoïa est souvent associée à un orgueil démesuré, voire une mégalomanie, qui s'oppose à l'humilité nécessaire pour accepter l'aide des autres. Pour mon père, personne d'autre que lui ne pouvait avoir raison. En fin de compte, la différence entre lui et Dieu, maître de l'univers, semblait inexistante à ses yeux. Aucun être que je connaisse n'a autant d'orgueil concernant sa propre valeur que mon père. Étant sa fille, je porte une part de cette divinité et, par conséquent, une part de cet orgueil effréné. Étant donné que je n'ai jamais cru en Dieu, je n'ai jamais cru en mon père, ni en moi-même.

Le délire paranoïaque dont mon père souffrait était devenu un sujet tabou et une source de lourdeur angoissante pour ses proches et les personnes qui l'entouraient. Nous devions constamment alléger nos propos et dissimuler certaines vérités pour éviter d'attiser ses suspicions. Les maladies mentales non traitées peuvent représenter un danger non seulement pour la personne qui en souffre, mais aussi pour son entourage. En tant que petite fille, je n'en avais pas pleinement conscience, mais je ressentais instinctivement le danger à travers l'appréhension craintive et contagieuse que ma famille éprouvait vis-à-vis de mon père. Pour éviter qu'il ne me perçoive comme une menace et qu'il ne ressente le désir de me nuire ou de me faire souffrir, j'ai appris à manipuler les apparences avec une fausse innocence, en exhibant un charme ingénu. Je n'étais alors qu'une petite poupée au regard tendre et compatissant, du moins en apparence.

À l'âge de sept ans, ma mère m'inscrivit à un cours de ballet jazz. Chaque fois que je revenais des cours, je lui montrais fièrement les nouvelles chorégraphies que j'avais apprises. J'étais sa petite poupée dansante, qu'elle chérissait avec une tendresse infinie. Après quelques mois d'apprentissage, nous devions participer à un spectacle devant une foule de parents et d'amis. Ma mère avait méticuleusement confectionné mon costume de ballet jazz pour qu'il se distingue des autres. Elle voulait que je sois la plus jolie des petites danseuses du spectacle. Ainsi, j'étais pour ainsi dire, une véritable princesse, avec une coquetterie charmante.

En réalité, j'étais avant tout une petite fille d'une grande sensibilité, marquée par une timidité particulière et une anxiété profonde. Pendant la représentation, mon corps se paralysa soudainement, comme si un monstre invisible avait surgi devant moi. Je me sentais détachée de tout, incapable de penser ou de ressentir, réduite à un simple corps inerte. J'étais là, immobile, consciente de ma gêne pour le groupe. Pour ma mère, j'incarnais alors une forme de mort : la mort de la fierté qu'elle avait pour moi. Avant ce drame, elle était si fière de sa petite poupée ; je représentais la perfection avec ma délicatesse et ma beauté enfantine. Elle se réjouissait à l'idée que tout le monde puisse admirer à quel point j'étais charmante. Au lieu de cela, elle dut se lever, devant la foule, pour venir me chercher. Quel genre de parent pourrait engendrer un enfant comme celui-ci ? Se demandait-elle, au fond d'elle-même, si les gens pouvaient penser cela d'elle ? Voilà pourquoi je me suis toujours méfiée de la fierté que les gens nous portent : cette fierté peut aussi facilement se transformer, dans certains contextes, en honte.

Par la suite, mes parents m'avaient inscrite à des compétitions de vélo pour jeunes filles de mon âge. Une fois de plus, j'étais envahie par l'inquiétude. Un jour, au cours d'une compétition, une participante tomba juste devant moi. Dans mon esprit de fillette, j'eus l'idée, peut-être plus maligne que judicieuse, de passer par-dessus son petit corps plutôt que de le contourner. Je pensais ainsi gagner du temps, mais paradoxalement, je pédalais lentement au lieu d'y aller de toutes mes forces. Malgré ma timidité apparente, j'ai roulé sans scrupules sur le corps de la jeune fille, ce qui suscita la colère de la foule. Peut-être avaient-ils craint pour elle ?

À cette époque, ma meilleure amie était une guenon en peluche nommée Milibelle. Bien sûr, elle n'était pas faite de chair et de sang, mais de rembourrage et de tissu. Pour moi, qu'il s'agisse d'une guenon vivante, d'une peluche ou d'une petite fille de mon âge, il n'y avait pas grande différence. Après tout, nous partageons un ancêtre commun avec les singes, n'est-ce pas ? Je prenais plaisir à jouer avec Milibelle, en particulier à cause de la petite poche en caoutchouc située dans son arrière-train, qui produisait un cri lorsqu'on la pressait. J'étais fascinée par le contrôle que j'avais sur elle, et ce pouvoir m'excitait chaque fois. Milibelle et moi passions des heures à nous amuser dans l'arbre devant la maison, où je l'attachais à différentes branches pour admirer sa position suspendue. J'ai même une photographie où l'on me voit assise sur une branche avec Mili-belle. Nous étions toutes les deux très charmantes.

Malheureusement, à force de manipulations répétées, la poche de Milibelle finit par se briser. Elle ne pouvait plus émettre de cri, et elle semblait être « morte ». Sa défaillance me priva de l'exutoire que j'avais trouvé en elle pour exprimer mes sentiments. Face à cette perte, j'ai dû chercher une nouvelle manière de m'exprimer, en utilisant cette fois-ci des mots et des émotions réelles.

Quelques années plus tard, après le divorce de mes parents, ma mère, mon frère et moi avons emménagé dans un nouveau voisinage. Là, je me suis liée d'amitié avec une jeune fille de mon âge. J'avais environ huit ans et je développais des manies obsessionnelles étranges. Par exemple, j'éprouvais un désir intense de prendre les doigts des gens, de les entrelacer fermement et de les écraser. Inconsciemment, je voulais presque les casser. Malheureusement, cette nouvelle amie a été celle qui a le plus souffert de mes obsessions. Elle a eu plusieurs doigts cassés et a dû porter un plâtre à la main pendant plusieurs semaines. Il est clair que les petites filles ne doivent pas être manipulées aussi violemment que les guenons, comme je le faisais avec mon ancienne amie Milibelle.

Dans notre nouvelle résidence, je dormais sur un lit d'eau assez étrange, dont la base était perforée de trous. Ces orifices avaient été ajoutés après une rencontre atypique dans un magasin ésotérique que ma mère et moi visitions de temps en temps. Dans cet endroit, une jeune femme rencontrait les clients et, en détectant leurs faiblesses physiques, essayait de les aider en leur suggérant différentes pistes de guérison.

Lorsque ce fut mon tour, la jeune femme m'examina attentivement et me dit que je dormais dans une sorte de boîte. C'était effectivement le cas, ou du moins, très similaire. Elle recommanda vivement à ma mère de percer des trous dans la base du lit d'eau pour améliorer l'aéra-tion. J'étais particulièrement encline à imaginer toutes sortes de scéna-rios monstrueux, et cet étrange lit d'eau troué n'a fait qu'exacerber mon imagination. Une obsession se développa alors en moi. Plusieurs fois par semaine, je m'installais à quatre pattes, le visage collé à un orifice, pour l'observer attentivement. À travers ces ouvertures, je distinguais des formes étranges qui ressemblaient à des monstres.

À cette époque, je commençais à regarder des films d'horreur, notamment ceux avec Freddy Krueger, le personnage qui tuait des enfants et des adolescents dans leurs rêves. Le soir venu, je redoutais non seulement les monstres que je croyais cachés dans la base de mon lit trouée, mais aussi la possibilité que Freddy se cache dans le matelas d'eau et le perce. Convaincue de la présence de ces créatures, j'en avais parlé à mes amies. Lorsqu'elles sont venues examiner les trous dans le lit d'eau, elles ont, à ma grande surprise, également perçu des formes inquiétantes. Leur réaction était mêlée d'effroi et d'excitation face à cette découverte mystérieuse.

Pour apaiser mes angoisses, j'avais la chance d'avoir Puce, un être d'une beauté remarquable avec une douce et réconfortante fourrure. Puce m'avait été offerte par mon père, probablement pour me montrer qu'il était incapable de m'offrir l'affection dont j'avais besoin, mais qu'avec cette merveilleuse chatte, je pourrais trouver un réconfort véritable. Et c'est exactement ce qui arriva. Avec Puce, je n'avais plus besoin de mon père. Elle était tout pour moi : ma meilleure amie, ma confidente, mon ange gardien sous forme féline. Je l'aimais à un tel point que je l'idéalisais, comme beaucoup le font avec un nouvel amoureux.

Un jour, mon frère décida de tester ma crédulité enfantine en prenant Puce dans ses bras. Il ne le faisait pas par un élan d'affection, mais plutôt pour me jouer un tour. Tandis qu'il la tenait, il commença à faire sortir de sa gueule toutes sortes d'objets, les uns après les autres. Il s'était arrangé pour que je ne voie pas qu'il prenait ces objets à côté de lui. Puce était pour moi un trésor, donc je n'étais pas surprise de voir ces objets apparaître comme par magie. Mon excitation fébrile et ma joie étaient immenses. Mon frère prétendait que ces objets nous rendraient riches, et je le croyais aveuglément. Ce fut une grande déception lorsque, quelques jours plus tard, il me révéla qu'il m'avait simplement joué un tour.

II

L'émergence de mon syndrome

À l'âge de neuf ans, je commençai à subir des troubles neurologiques manifestés par des tics sonores—de petits cris aigus ressemblant à des miaulements ou à d'autres cris d'animaux—et des tics moteurs, tels que des clignements d'yeux répétitifs et une variété de grimaces. Le soir, ma mère se tenait souvent au seuil de la porte pour écouter ces manifestations étranges. Consciente de cette transformation, je ressentais une honte grandissante et un désir profond de cacher cette partie de moi. Cette dichotomie entre ce que je montrais aux autres et ce que je vivais en privé engendrait une anxiété constante durant la journée, sans laisser transparaître mes tics. Les professeurs, observant ma tension, affirmaient que cela nuisait à mon potentiel et affectait mes performances académiques. Ce n'est que bien plus tard que j'appris la nature de ma maladie, comprenant enfin pourquoi la petite fille en moi était si différente. Cette ignorance avait causé de nombreux tourments tout au long de ma vie.

De manière presque instinctive, je ressentais une peur semi-consciente des autres enfants. J'appréhendais qu'un d'eux me dise, avec la cruauté propre à l'enfance, que j'étais un défaut et que je ne méritais pas de vivre. Je fréquentais parfois une jeune fille de mon âge avec laquelle j'osais exprimer mes tics obsessionnels plus ouvertement, car elle en avait aussi. Peut-être s'était-elle adaptée inconsciemment à moi. À l'école, elle était souvent rejetée en raison du suicide de ses parents, et les autres parents, craignant une contagion, refusaient que leurs enfants la côtoient. En réalité, c'était plutôt moi qu'ils auraient dû craindre, car je transmettais mes tics, mes peurs des monstres, et je cassais parfois les doigts de celles qui me donnaient la main. Mais mes parents n'étaient ni suicidaires, ni alcooliques, ni toxicomanes, et j'avais une allure angélique. En apparence, j'étais simplement une élève normale.

À défaut de vivre un bonheur réconfortant, je développai insidieusement une grande dépendance à cette petite poudre magique au pouvoir sucrant, qui allait devenir une de mes plus grandes passions. Bien que cette dépendance au sucre ait pu altérer mon organisme, j'étais incapable d'y renoncer. Lorsque ma mère revenait avec des provisions, je me transformais en petite souris pour dénicher les desserts, que je cachais dans ma chambre pour éviter que mon frère ne les dévore tous. Ironiquement, c'est à cette même période que ma famille, à l'exception de ma mère et de mon frère, commença à suspecter une anorexie chez moi. Bien que je n'aie pas un gros appétit, je mangeais à ma faim. Cependant, en présence de personnes moins familières, mon anxiété réduisait considérablement mon appétit. Malgré mes protestations, ils continuaient à ignorer mes arguments, et un sentiment de rage croissant m'envahissait. Me donnaient-ils des maux imaginaires pour me rendre intéressante à leurs yeux ?

Cet ardent désir de prouver que j'étais parfaitement équilibrée dans mon rapport avec la nourriture a conduit à un comportement qui donnait l'illusion du contraire. Face à ce jugement erroné, je me suis mise à manger au-delà de mes capacités, jusqu'à en devenir parfois malade. Avec le temps, cette fausse image de moi-même a contaminé l'ensemble de ma personnalité. Malgré tous mes efforts pour montrer ma véritable nature, il était difficile de convaincre les autres que l'Annabelle qu'ils percevaient n'était pas moi. Derrière cette façade se cachait une Annabelle bien différente de celle qu'ils pensaient connaître.

III

À la recherche d'une figure paternelle

Durant l'enfance, le manque d'autorité paternelle et de soutien affectif peut entraîner des répercussions profondes. Dans mon cas, je développais des sentiments amoureux pour ceux qui représentaient une figure d'autorité. À l'époque prépubère, le directeur de mon école venait me chercher en classe une fois par semaine. Son visage, empreint d'une aura inquiétante, amplifiait mon malaise. Les pédophiles astucieux peuvent adopter des stratégies pour éviter les soupçons. Il est important de souligner que tous les hommes travaillant avec des enfants ne sont pas des pédophiles et que plusieurs peuvent présenter une façade charismatique

Devant cet homme, je devais me concentrer sur le mouvement hypnotique de l'aiguille du métronome. Il pensait sans doute que cet exercice de concentration m'aiderait à maîtriser mes tendances lunatiques et à sortir de mon monde intérieur très hermétique. Heureusement, je ne crois pas qu'il ait commis une agression sexuelle à mon encontre, mais il est probable que ces séances nourrissaient son imaginaire sexuel. C'était la première fois que je devenais le fantasme sexuel d'un homme, mais loin d'être la dernière. Ironiquement, je n'ai jamais cherché à être un fantasme ; je n'ai toujours voulu qu'une chose : être aimée.

C'est lors de notre deuxième déménagement dans un duplex que je rencontrai celui qui allait devenir l'objet de mon fantasme amoureux pendant une grande partie de ma jeunesse. Il vivait avec sa conjointe juste au-dessus de nous, en tant que locataire, tandis que nous étions les propriétaires du logement en dessous. Dès notre première rencontre, je fus frappée par le charisme de cet homme. À douze ans, j'étais profondément impressionnée par lui, alors qu'il en avait trente-deux. Il incarnait inconsciemment pour moi le père attentionné que j'aurais souhaité avoir. Mon obsession pour ce voisin grandissait de jour en jour, et j'étais enivrée par l'euphorie amoureuse qu'il éveillait en moi.

J'en développais une grande dépendance. Ce fantasme amoureux intense, combiné à mon affection pour Puce, me permettait de faire face à la détresse psychologique que je vivais à l'école.

En effet, à l'école, j'étais très angoissée, triste et souvent perdue dans mes rêves. Pour faire face à des troubles neurologiques dont j'ignorais l'existence, j'adoptais une rigidité et un contrôle de mon corps qui me donnaient l'apparence d'une poupée mécanique. La seule personne envers laquelle j'éprouvais de l'affection était mon professeur, Monsieur Sanschagrin.

Il avait au moins quarante ans de plus que moi. Je n'éprouvais aucun sentiment amoureux à son égard, mais je l'appréciais et sentais une réciprocité. En réalité, il m'aimait peut-être un peu trop. Avec le temps, j'ai compris qu'il était un hébéphile, à cause de son intense courtoisie envers moi. Il est probable qu'il ait été attiré par ma vulnérabilité et ma fébrilité sensorielle. Certains pourraient le qualifier de malade ou de pédophile, exploitant la vulnérabilité et la fragilité psychologique d'une adolescente timide et sans défense. Cependant, la réalité est bien plus complexe.

Premièrement, il est essentiel de distinguer la pédophilie, l'hébéphilie et l'éphébophilie. Le pédophile ressent une attirance sexuelle pour les enfants impubères. L'hébéphile, quant à lui, est attiré par les adolescents et adolescentes d'environ onze à quatorze ans. Enfin, les éphébophiles sont attirés par les adolescents et adolescentes presque adultes, c'est-à-dire d'environ quinze ans et plus. La société confond souvent ces termes, qualifiant à tort de « pédophile » tout homme ayant des fantasmes sur une fille de moins de dix-huit ans.

Un grand nombre de personnes éprouvant ce type d'attirance sexuelle ne passeront jamais à l'acte, car elles ne possèdent pas toutes la psychologie des agresseurs sexuels. Ceux qui ressentent cette attirance mais choisissent de ne pas abuser des enfants ou des adolescents sont perpétuellement en lutte contre eux-mêmes.

À cause de la stigmatisation véhiculée par les médias, les individus souffrant de ce type d'attirance sont souvent terrifiés et n'osent en parler à personne. Cela les pousse dans un cercle vicieux où le silence et le manque de soutien peuvent intensifier leurs pulsions, augmentant le risque qu'ils passent à l'acte. La meilleure façon de protéger les jeunes est de favoriser une communication ouverte et de confiance, tant avec eux qu'avec ceux qui éprouvent ces attirances. L'ostracisme n'aide en rien à contrôler ces pulsions ; au contraire, les personnes concernées doivent pouvoir exprimer leur détresse sans craindre pour leur sécurité, afin d'éviter qu'ils ne perdent complètement le contrôle.

Quant à Monsieur Sanschagrin, il est désormais clair qu'il était obsédé par l'adolescente de douze ans que j'étais. Il négligeait fréquemment l'élève en difficulté, juste en face de moi, pour prolonger son plaisir à humer mon parfum d'innocence, me frôler, me complimenter et me rassurer. Bien que j'appréciais ces attentions, je ressentais souvent un malaise, me sentant empathique envers cette élève, privée d'aide à cause de moi, même indirectement. De plus, elle était fréquemment maltraitée par les autres élèves pour des raisons superficielles, telles que son apparence physique et son bégaiement. J'étais l'une des rares à lui témoigner du respect.

Le fait que même le professeur la rejetât provoquait en moi un profond conflit psychique. De manière insidieuse, je développais un sentiment de culpabilité. J'étais coupable d'être moi, une trop charmante victime avec toutes mes caractéristiques, au point de diminuer la vigilance du professeur envers les élèves en réelle difficulté et le rendre égoïste dans ses pulsions, ses désirs et ses fantasmes.

Heureusement, depuis que je suis adulte, ce sentiment de culpabilité a disparu. Ces états d'âme sont fréquents chez les enfants et les adolescents, même s'ils ne sont pas toujours légitimes. En dépit de ces sentiments négatifs et contradictoires, ce qui est le plus troublant, c'est de constater que l'intérêt du professeur, bien que perturbant, m'a été bénéfique. Les comportements des pédophiles, hébéphiles ou éphébophiles ne sont pas toujours exclusivement destructeurs.

Monsieur Sanschagrin apaisait mes profondes insécurités, car je me sentais bien à ses côtés. En réalité, il n'avait aucun comportement explicitement sexuel, mais je soupçonne fortement que j'étais présente dans ses fantasmes sexuels le soir, lorsqu'il se couchait.

À l'époque, je n'avais pas conscience que je pouvais être l'objet de ses fantasmes. Ce qui comptait pour moi, c'était que je me sentais mieux grâce à lui. Et ce à quoi il fantasmait ne concernait que lui, pourvu qu'il ne transpose pas ses fantasmes dans la réalité. Cependant, il y eut une fois où il sembla confondre les deux plans en me proposant d'aller nous baigner dans la piscine chez ma mère. C'était probablement un petit jeu de séduction pour lui, et je ne pense pas qu'il se serait risqué à aller plus loin. Beaucoup d'individus dans sa situation trouvent du plaisir à flirter avec les jeunes sans franchir les limites permises. J'ai eu de la chance qu'il fasse partie de cette catégorie, car s'il avait été un pur immature, égoïste et égocentrique, il aurait probablement franchi la barrière de la moralité. J'étais à la fois timide et heureuse, me sentant importante à ses yeux, mais je ressentais également un malaise, consciente dans mon for intérieur que cette proposition était douteuse.

Il semble que j'avais probablement un don pour éveiller le désir sexuel chez les hommes, car même le chauffeur de l'autobus tentait de me séduire. Étant très rapide, j'arrivais toujours la première dans l'autobus après la fin des cours, ce qui lui permettait de faire des avances et des propositions.

Mais dès qu'un autre élève montait dans l'autobus, il cessait de me parler. Sans doute était-il conscient que ce n'était pas tout à fait approprié d'entretenir ce genre de rapport avec une si jeune adolescente. Pourtant, ce comportement inapproprié s'est avéré bénéfique pour moi, me donnant l'illusion d'avoir une plus grande valeur.

Il est important de faire la différence entre l'attirance sexuelle instinctive suscité par un joli corps d'adolescente et la séduction proactive qui implique une manipulation pour obtenir des relations sexuelles avec elle. Un homme peut ressentir une attirance soudaine sans désir de passer à l'acte, et il doit avoir la maturité nécessaire pour comprendre que la personne, quelle que soit son âge, peut être fragile et vulnérable dans son développement personnel. Il est crucial de ne pas la manipuler à des fins sexuelles purement égoïstes.

L'année suivante, je croisai cet ancien professeur, entouré d'élèves dans un couloir de l'école. Il me lança un regard furtif, accompagné d'une expression désagréable. Il m'ignorait clairement maintenant que je n'étais plus son fantasme sexuel, n'étant plus son élève. Il semblait aussi se protéger, comme s'il percevait ma perspicacité croissante et craignait une éventuelle dénonciation. En réalité, dans mon cœur de jeune fille, j'aurais souhaité qu'il continue de m'estimer. Son rejet apparent me déçut profondément et me fit prendre conscience de la superficialité et de l'illusion souvent présentes dans les relations, qui manquaient de profondeur et de stabilité.

Vers l'âge de treize ans, mon père décida qu'il était temps de m'apprendre à manier un revolver. Peut-être avait-il perçu autour de moi une menace liée à la déviance sexuelle et cherchait-il ainsi à me protéger.

Lors d'une visite chez lui, mon père me proposa de m'exercer à tirer avec un revolver à plombs, en me demandant de le viser et d'essayer de l'atteindre. À l'époque, je ne comprenais pas bien le degré de dangerosité de l'arme ; pour moi, un revolver représentait la mort. Aujourd'hui, je sais qu'un revolver à plombs, bien qu'il ne soit pas mortel, peut néanmoins causer de graves blessures. Je suivis ses instructions et tirai à plusieurs reprises en sa direction, en veillant à ne pas viser sa tête. Je ne l'atteignis pas. Je me demandais pourquoi il avait choisi de se rendre lui-même cible de ses propres exercices. Pourquoi ne pas m'avoir proposé d'utiliser un objet inanimé pour m'entraîner ? Y avait-il un désir inconscient de se décharger d'une culpabilité envers moi ? Peut-être pensait-il qu'en lui faisant du mal, je pourrais me venger de la douleur psychologique qu'il m'avait causée par son absence et son manque d'attention, et que cela pourrait équilibrer les choses entre nous.

Par la suite, mon père m'apprit à tirer à l'arc. Cette fois-ci, il ne proposa pas d'être ma cible, mais peut-être en ressentait-il secrètement l'envie ?

Durant cette année-là, je fréquentais deux autres filles de mon école. Nos conversations manquaient cependant d'intérêt pour moi. En réalité, j'étais très différente d'elles sur le plan de la personnalité. Par exemple, contrairement à elles, je ne proférais jamais d'injures. Pour moi, dire un juron semblait si dangereux que je redoutais de m'enlaidir, tant physiquement que psychologiquement. Les deux filles percevaient rapidement mon obsession à éviter les jurons et se moquaient souvent de moi, tentant de me faire prononcer ces mots. Elles ne comprenaient pas ma crainte. Ironiquement, aujourd'hui, je me surprends à utiliser des jurons à répétition lorsque je suis seule.

Un jour, l'une des filles les plus populaires de l'école vint me voir alors que j'étais avec les deux autres filles, considérées comme des « rejets » à cause de leur pauvreté évidente et de leur manque d'hygiène corporelle. La belle fille me demanda directement, sur un ton condescendant et empreint de dégoût, pourquoi je traînais avec elles. Je ressentis une profonde gêne et une grande tristesse en réalisant qu'elles étaient victimes de discrimination. J'étais déçue de constater à quel point les gens avaient tendance à catégoriser et à mépriser ceux qui étaient différents d'eux. J'étais navrée qu'elles soient perçues comme des personnes sans importance simplement en raison de leur apparence.

Cependant, j'étais aussi flattée par l'intérêt manifesté par cette autre élève, supposant que sa question pouvait cacher un désir implicite de se lier d'amitié avec moi. Je réalisais néanmoins que ce désir semblait reposer uniquement sur mon apparence, étant donné que j'étais soignée comme elle. Je n'aimais pas le narcissisme de cette fille, qui ne valorisait que l'apparence physique. Je n'étais pas consciente que, malgré mon intérêt pour la profondeur psychologique, l'authenticité et la justice, j'avais moi aussi des traits de narcissisme, cachant une faible estime de moi-même.

Cet orgueil malsain me poussait à préférer côtoyer des personnes considérées comme médiocres plutôt que des personnes séduisantes, car cela me donnait l'impression d'exister davantage et de posséder une grande valeur. Je trouvais plus valorisant de me comparer à quelqu'un d'apparence ordinaire qu'à une personne séduisante. De plus, je fréquentais ces deux filles en partie pour éviter d'être complètement seule. Ainsi, je développais une forme d'hypocrisie et d'opportunisme à leur égard, pour protéger mon identité fragile. Bien sûr, tout cela était totalement inconscient pour moi à l'époque.

À cette époque, je souffrais de dysmorphie corporelle, un trouble obsessionnel-compulsif où l'on se fixe sur un défaut imaginaire ou une légère imperfection physique. Environ 2 % de la population, principalement des adolescents et jeunes adultes, sont touchés. Pour moi, l'obsession se focalisait sur l'arrière de ma tête, à la racine des cheveux. En classe, je craignais que l'élève derrière moi puisse apercevoir un manque de cheveux, ce qui me poussait à replacer sans cesse une mèche pour cacher ce défaut inexistant.

Toutes ces insécurités psychologiques et sociales m'ont poussée à demander des cours particuliers à domicile. Ma mère et moi avons consulté une psychologue pour évaluer ma demande, mais elle refusa. Elle ne percevait pas l'ampleur de ma détresse, probablement parce que j'étais déjà trop habile à la dissimuler, même aux yeux des experts. Elle ignorait que j'étais sur le point de décrocher de l'école.

À défaut d'avoir un professeur privé, je convainquis ma mère que j'étais capable d'étudier seule à la maison. Âgée de treize ans, je passais mes journées enfermée dans ma chambre, les études n'étant pas toujours ma priorité. Sans encadrement ni autorité, je faisais ce que je voulais.

J'avais seulement ma chatte Puce que j'adorais, et mon voisin, dont j'étais encore très amoureuse. Quant à ma mère, elle se plaignait toujours d'une grande fatigue en revenant du travail, et je n'osais pas la déranger. Mon frère Esteban, de son côté, passait son temps à lire des livres en ermite dans sa chambre au sous-sol.

Vers l'âge de quatorze ans, je côtoyais à mon grand bonheur ce voisin beaucoup plus âgé que moi. Nous faisions des balades en vélo tard le soir, et il me couvrait de compliments, accompagné de sourires chaleureux. Peu à peu, mes fantasmes se faisaient de plus en plus audacieux, intenses et extrêmes. Avec le temps, il me parlait de sa conjointe comme d'une simple amie. Parfois, il semblait percevoir une forme de peur de ma part, un malentendu sur mes véritables sentiments. En réalité, ce n'était pas la peur que je ressentais, mais un désir ardent et incontrôlable : celui qu'il me prenne avec une force sauvage, sans retenue.

Même si j'étais encore une adolescente, je crois aujourd'hui que si nous avions eu une relation douce et respectueuse, cela aurait pu être bénéfique pour mon développement personnel. Je me serais sentie épanouie en réalisant mes fantasmes avec lui. De plus, cela m'aurait probablement donné la force nécessaire pour surmonter mes insécurités et éviter de décrocher de l'école.

Plusieurs adolescentes peuvent facilement tomber dans l'abus de la part d'un homme. Dans mon cas, il y avait des carences dans mon développement qui devaient être comblées, tout en possédant une maturité émotionnelle avancée pour mon âge. Même une jeune fille de quatorze ans, fragile et avec des carences affectives, peut éprouver un grand besoin sexuel et nourrir divers fantasmes. Si l'on vit exclusivement sa sexualité et l'amour dans l'imaginaire, on peut se déconnecter de son corps et de la réalité, créant ainsi une dichotomie où seul l'imaginaire compte et l'autre n'a plus de place. Cette déconnexion complique la capacité à établir une véritable intimité avec l'autre, en particulier lors des premières expériences sexuelles.

Parfois, mon désir pour mon voisin surpassait ma pudeur naturelle. Par exemple, lors de mes soirées dans la baignoire à remous, je veillais à ce que les stores de la fenêtre de la salle de bain soient seulement à moitié fermés. En face de cette fenêtre se trouvait l'escalier que mon voisin empruntait pour rejoindre son appartement. À travers le bruit des jets d'eau, j'entendais souvent des pas résonner dans l'escalier. Il me plaisait de penser qu'il me voyait et qu'il était excité par cette vue. Cependant, j'étais trop timide pour affronter la réalité, préférant me perdre dans mes fantasmes et me laisser emporter par ce mystère érotique.

IV

Ma chatte et mes amours de chiennes

Le seul être que je touchais était ma chatte adorée. Je la prenais continuellement dans mes bras pour la caresser et la serrer contre moi. C'était probablement grâce à elle que j'avais développé cette sensualité typiquement féline. J'exprimais sans cesse mon affection à Puce en lui disant qu'elle était jolie et en lui donnant deux baisers sur ses joues, favorisant ainsi le développement d'une vanité typiquement féline.

Cela rappelait l'attitude de ma mère quand j'étais très jeune, me répétant sans cesse que j'étais la plus jolie. Comme si elle ne voyait en moi que cette qualité ou, pour elle, la beauté était la seule vertu importante chez une femme. Elle ignorait qu'en répétant constamment que j'étais la plus jolie, elle éveillait en moi une insécurité et un esprit de compétition avec les autres filles, comme si je risquais de perdre son amour si elle trouvait une petite fille plus jolie que moi. Le choix des mots des parents est crucial ; nous sous-estimons souvent leur impact sur la vie future des enfants. Ma mère, extrêmement fière et orgueilleuse, pensait qu'une jeune fille devait être parfaite sur tous les plans : bien manger, bien se vêtir, bien marcher, bien parler, etc. J'appris à devenir la fille parfaite en apparence pour préserver son amour. Plus je réprimais ma véritable identité, plus mes troubles se développaient intensément.

Puce, quant à elle, semblait avoir développé une angoisse similaire à la mienne, bien que les chats n'aient pas la lucidité nécessaire pour comprendre leurs propres insécurités. Cette angoisse se manifesta tragiquement lorsqu'elle fut infestée de puces et que ma mère décida de la raser entièrement. Pour Puce, c'était la fin du monde ; elle savait instinctivement qu'elle perdrait sa beauté et, avec elle, toute la reconnaissance et l'amour que je lui prodiguais sans cesse.

La voir souffrir d'impuissance et de panique pendant que ma mère la rasait avec la tondeuse fut l'un des pires moments de ma vie. J'étais profondément triste pour elle autant que pour moi, car je perdais cette fourrure qui la caractérisait si bien et qui me réconfortait tant. C'était comme si Puce, ce précieux être félin d'une grande sensibilité, avait perdu son âme en même temps que ses poils sous la tondeuse.

Après cet événement traumatisant, Puce ressentit que quelque chose avait changé entre nous. Certes, je l'aimais encore, mais je ne le lui montrais plus de la même manière. Je devenais moins encline à la prendre dans mes bras et à la caresser. Elle avait perdu cette sensualité qui était si importante à mes yeux. Ah ! Si seulement j'avais su qu'elle allait mourir, je me serais comportée différemment, moins superficiellement à son égard. Tout comme nous, les humains, qui développons des séquelles physiques après des blessures émotionnelles, Puce semblait également affectée, son corps devenant vulnérable à diverses affections.

Peu après, Puce tomba malade. Sa sensualité n'avait plus d'importance ; seule sa survie comptait. Elle agonisait, allongée, avec beaucoup de difficultés à respirer. Mon entourage craignait que je ne supporte pas bien sa mort imminente. J'étais profondément attristée, mais je m'efforçais de ne pas le montrer à ma famille. Je réprimais ma peine pour leur prouver que je possédais une grande force intérieure.

Vers l'âge de quinze ans, je fréquentais une école pour raccrocheurs, où je me sentais comme une extraterrestre parmi des Terriens. Je ne savais pas comment me comporter pour être acceptée par des camarades qui me semblaient tellement différents de moi. Dans ce nouvel environnement scolaire, je me sentais plus seule que jamais, même plus isolée qu'enfermée dans ma chambre. De plus, je n'avais pas réussi à faire le deuil de Puce. J'avais collé sa photographie sur mon étui à crayons, ce qui suscitait la curiosité des autres étudiants. Puce me manquait énormément, mais son image m'apportait du réconfort malgré les larmes qui coulaient systématiquement. Sans que je m'en rende compte, le venin de la culpabilité affectait de plus en plus mon psychisme, modifiant progressivement l'ensemble de ma personnalité.

Le trouble de dysmorphie corporelle dont j'avais souffert au début de mon adolescence s'était transformé en un perfectionnisme obsessionnel. Bien que je n'aie plus peur d'une carence capillaire, je passais des heures à me coiffer, sans jamais être satisfaite du résultat. Cette obsession me faisait parfois manquer l'autobus, obligeant ma mère à me conduire jusqu'à l'école. Faute de soutien thérapeutique pour m'aider à surmonter le deuil de Puce et à mieux me comprendre, je cherchais à exercer un contrôle absolu sur mes cheveux, me donnant un sentiment de maîtrise sur moi-même.

Un jour, cette obsession me fit arriver en retard à un cours, et je fus empêchée d'y entrer. En conséquence, je reçus une retenue après les cours. Ne serait-il pas plus approprié d'offrir une écoute bienveillante et sans jugement, plutôt que de traiter les élèves comme des délinquants ? L'école secondaire pourrait introduire un cours de base et obligatoire sur la santé mentale pour les élèves de quatorze ans et plus. L'ignorance des troubles mentaux chez les jeunes peut engendrer une telle honte qu'ils hésitent souvent à en parler, convaincus que personne ne les comprendrait et que cela conduirait au rejet et à l'intimidation. En offrant ce cours, les élèves pourraient se familiariser avec ces sujets tabous et délicats, ce qui leur donnerait la confiance nécessaire pour en discuter avec un intervenant. Ce cours pourrait non seulement réduire le risque de décrochage scolaire en apportant un soutien précoce, mais aussi contribuer à créer une génération plus ouverte et compréhensive vis-à-vis de la santé mentale. En préparant les jeunes à reconnaître et à aborder ces questions, on les aiderait à devenir des adultes plus enclins à chercher et à accepter de l'aide lorsqu'ils en ont besoin.

Après la mort de Puce, j'espérais que ma mère me procure un autre animal de compagnie pour combler le vide laissé par sa perte. J'agissais un peu comme dans les relations amoureuses où l'un des partenaires remplace rapidement celui qui est parti. Pour moi, ce serait une profonde insulte, comme si nous étions complètement interchangeables et n'avions pas plus de valeur qu'un objet jetable.

Je souhaiterais être unique et irremplaçable pour mon partenaire. Je voudrais qu'il me voie comme la seule femme capable de l'aimer véritablement, celle qui lui permettrait d'être entièrement lui-même et qui comprendrait et accepterait toutes ses vulnérabilités.

Dans mon cas, ce désir d'interchangeabilité pouvait être pardonné en raison de mon jeune âge et de mon immaturité. Cependant, un obstacle majeur se dressait sur le chemin de ce souhait : ma mère refusait catégoriquement de me procurer un autre animal. Elle affirmait que nous avions déjà une chatte, et pour moi, Coquette n'était rien de plus qu'une rivale de Puce, une présence indésirable. De plus, mon frère se moquait souvent de moi en me forçant à caresser Coquette, ce que je refusais obstinément de faire. C'était un sentiment particulier, cette absolue exclusivité d'amour et de tendresse envers Puce.

J'éprouvais un grand besoin de donner mon affection, mais tant que Coquette était là, il m'était impossible de le combler. De sombres idées ont alors émergé dans mon esprit : la seule solution à mon problème semblait être la mort de Coquette. Je pensais que si elle venait à disparaître, ma mère serait contrainte d'accepter de me procurer un autre animal de compagnie. J'imaginais toutes sortes de moyens pour lui ôter la vie, en veillant à ne laisser aucun soupçon à mon égard. Pour quelqu'un qui respectait autant les animaux que moi, il fallait que je sois en grande détresse psychologique pour envisager mes besoins comme étant plus importants qu'une vie. Heureusement, ma mère finit par accepter d'adopter un nouvel animal, et ainsi, Coquette fut sauvée.

Plutôt que d'adopter une autre chatte, probablement parce que la blessure laissée par la perte de Puce était encore trop vive, nous avons choisi d'acquérir une jolie chienne bâtarde que j'ai nommée Shanny. Je l'ai rapidement beaucoup aimée, mais, avec le temps, notre relation est devenue de plus en plus toxique.

En effet, Shanny se révélait être une chienne particulièrement difficile. Elle était égoïste et souvent méchante envers moi. Ce qui était encore plus douloureux, c'était de voir sa grande docilité envers mon frère. Ce contraste m'affectait profondément.

L'aspect à la fois hilarant et pathétique de Shanny était son comportement lors des repas. Lorsqu'on lui donnait à manger, elle me faisait comprendre avec force que je n'avais aucune autorité à ses yeux. Si jamais je tentais de m'approcher de sa nourriture, elle me pourchassait autour de la table comme si j'allais sérieusement lui piquer son dîner gourmet. Comme si moi, une humaine, j'avais envie de voler sa nourriture de chienne – malgré les rumeurs selon lesquelles les croquettes sont inspectées plus rigoureusement que nos propres repas ! Mais, je n'étais franchement pas intéressée. Elle terminait sa poursuite en me montrant ses jolis crocs. Son comportement, aussi ridicule qu'il puisse paraître, me faisait rire à chaque fois. C'était d'une absurdité hilarante.

Ayant des tendances caméléons envers les gens en général, peut-être que je m'ajustais également à Shanny. Sauf qu'à son niveau, j'étais moi aussi de la race canine. En effet, j'ignorais à cette époque qu'au cours de ma vie on me traiterait parfois comme une chienne. Shanny aura été la première à me traiter de la sorte. Un jour, je ne sais pour quelle raison, elle me mordit la main. C'était prévisible, car le nombre de fois où elle me montrait les crocs était de plus en plus fréquent. Une réaction d'enflure se propagea sur la paume de ma main. Je dus mentir à ma mère pour protéger Shanny, parce que je craignais qu'elle ne s'en débarrasse en apprenant la vérité. Avec le recul, je trouve mon comportement pathétique, de vouloir à tout prix protéger un animal qui de toute évidence ne ressentait aucune affection à mon égard. Souvent, les chiens qui sont séparés de leur maître décédé, se laissent mourir ou tombent en dépression. Dans mon cas, c'était plutôt l'inverse, comme si elle souhaitait ma mort.

J'agissais un peu comme on le voit souvent chez les femmes subissant la violence physique ou psychologique de la part de leur partenaire. J'étais sans conteste une candidate potentielle pour ce genre de relation malsaine. Finalement, je suis reconnaissante d'avoir vécu cette dyna-mique avec un animal, qui a révélé ce profil avant qu'il ne soit trop tard — avant que je tombe amoureuse d'une personne violente. Les animaux sont souvent vantés pour leur apport bénéfique à la santé mentale des personnes en fin de vie ou ayant des besoins affectifs. Mais je crois aussi qu'ils peuvent jouer un rôle crucial dans l'éducation parentale, per-mettant aux parents de repérer des schémas problématiques chez leurs enfants et de les corriger avant qu'ils ne deviennent trop ancrés dans leur personnalité.

Shanny ne me laissait pas m'approcher d'elle pendant ses repas, mais dès que c'était notre tour de manger, elle se transformait en qué-mandeuse professionnelle. Un jour, mon frère lui donna un morceau de poulet avec un os énorme, sans réaliser le danger qu'il représentait. En voyant ça, j'ai tenté de m'approcher pour lui retirer l'os, mais pour Shanny, j'étais devenue l'équivalent d'un voleur cherchant à dérober le bébé d'une mère. Elle défendait son morceau de poulet comme s'il s'agissait de sa dernière chance de survie. Je savais que si j'insistais, elle pourrait devenir agressive, alors j'ai préféré abandonner pour éviter une confrontation.

Le lendemain, Shanny se mit à pleurer de manière étrange et insis-tante, ce qui nous poussa à nous inquiéter pour sa santé. En l'examinant de plus près, nous découvrîmes une énorme bosse sur son abdomen, causée par l'os qu'elle avait ingurgité. Pour la soigner, nous avons dû débourser quatre cents dollars pour l'opération.

En tant qu'adolescente sans emploi, je n'avais que l'argent que mon père m'avait donné. Ma mère et moi avons donc dû payer l'opération ensemble. Lorsque Shanny est revenue à la maison, elle était ravie de retrouver mon frère, mais elle est restée complètement indifférente en-vers celles qui avaient pris soin d'elle.

En vérité, Shanny était misogyne, elle nous méprisait dans notre ab-solue féminité. Ce qu'elle désirait, c'était un homme violent. On en trouve à profusion, des maîtres de ce genre, qui se cherchent de pauvres petites chiennes à violenter dans le but implicite d'expulser leurs pulsions agressives. Si elle était tombée sur l'un d'eux, je crois qu'elle aurait été plus heureuse...

Le lendemain matin, Shanny baignait dans son sang sur le plancher de la cuisine. Malheureusement, les points de suture n'avaient pas tenu. Malgré la méchanceté de Shanny à mon égard, je fus très peinée par sa mort. C'était peut-être un mal pour un bien, car si la relation malsaine entre elle et moi avait continué, j'aurais peut-être perdu un œil ou autre chose, à l'image de ce que perdent, au sens propre comme au figuré, les femmes qui s'enferment dans une relation malsaine où la violence est omniprésente. La perte de Shanny me donna l'opportunité de me procurer une autre chienne, mais avec une personnalité plus saine. Cette fois, un husky, et elle se nommait Rosie. Notre relation avait bien débuté, car contrairement à Shanny, elle ne manifestait aucune malice. Cependant, elle était complètement exaltée ! Tous les matins, elle déféquait sur le plancher de la cuisine. Et puisque mon beau-père était toujours le premier à se lever, il se sentait alors obligé de le ramasser. Étant donné que sa relation amoureuse avec ma mère était récente, il avait suffisamment de patience en lui pour être indulgent envers Rosie. Il faut croire que, lorsqu'on est fou amoureux, on est prêt à endurer n'importe quoi !

Rosie n'avait de cesse de bouger et cherchait constamment à s'amuser. Je suspectais qu'elle souffrait du syndrome canin d'hypersensibilité-hyperactivité, l'équivalent chez les chiens du trouble de déficit de l'attention avec hyperactivité chez les humains[1].

Peut-être que le Ritalin l'aurait apaisée, mais j'aurais perdu l'essence de son être. Quand je marchais avec elle dans la rue, c'était plutôt spectaculaire. En réalité, c'est elle qui me traînait, car elle finissait toujours par être devant moi, en train d'essayer de courir, tandis que je devais tenir la laisse de toutes mes forces. Sans le vouloir, je faisais de

---

[1] Dehasse, J. (s.d.). *Hypersensibilité-Hyperactivité*. Récupéré sur http://www.joeldehasse.com/articles/a-français/hyperactivite.html

l'entraînement musculaire, car il est très difficile de résister à la force d'un chien husky. Le plus cocasse c'était lorsqu'un piéton était près de moi, et que Rosie lui sautait dessus avec frénésie. Chaque fois, je devais crier qu'elle n'était pas dangereuse, qu'elle voulait seulement jouer. N'empêche, certaines personnes avaient la peur de leur vie en apercevant ce chien hystérique. On dit que la personnalité de notre animal de compagnie possède des similitudes avec notre propre personnalité. C'est sûrement en partie vrai, car j'ai aussi un côté exalté. Cependant, je ne me précipite pas sur les gens ! Malgré son comportement hyperactif, je l'adorais et je la prenais souvent dans mes bras. Mais, un jour, mon beau-père m'apprit qu'il avait contacté un homme désireux de prendre Rosie pour en faire un chien de traîneau. Indéniablement, il y avait une limite à ce que mon beau-père pouvait endurer. Mon jeune âge n'avait pas de poids contre sa volonté, et ma mère, éperdument amoureuse, refusait de s'y opposer. Mon cœur d'adolescente s'était déjà ouvert à trois reprises pour y laisser entrer ces êtres vivants : Puce, Shanny et Rosie. Suite aux blessures affectives causées par la perte de ces animaux, mon cœur s'était affaibli et perdait sa capacité naturelle à faire circuler le sang dans tout mon corps. J'avais d'ailleurs de moins en moins de couleur au visage, moins de vivacité, et je remarquais que les extrémités de mes membres étaient toujours froides.

V

Mes obsessions

Durant mon adolescence, j'étais très préoccupée par les esprits. Je ressentais une grande peur de laisser dépasser un membre de mon lit, car j'étais persuadée qu'un esprit allait le toucher. Quand je n'étais pas enfermée dans ma chambre, j'entretenais des conversations avec un ami de mes parents, très ésotérique, qui leur rendait visite. Il parlait très souvent d'esprits et de voyage astral, alimentant ma curiosité et ma peur. Il affirmait que lorsqu'on sort de notre corps pour faire un voyage astral, et que l'on voit un homme ou une femme nue, il n'y a aucun désir possible. Ses propos ne me rassuraient pas vraiment. Chaque fois que je prenais un bain, je me sentais effrayée, convaincue que l'esprit de l'ami de mes parents, ou bien celui d'un pur inconnu était en train de m'observer toute nue. Cette peur qui s'imposait à moi m'empêchait d'être complètement à l'aise avec moi-même. Elle jouait le rôle de surmoi, de censure et de contrôle.

À cette époque, j'avais une manie étrange qui consistait à faire des sauts dans les airs en repliant le plus rapidement possible mes genoux sur eux-mêmes. Je réalisais ce petit exploit principalement dans la salle de bain, là où il y avait parfois une portée de chatons naissants que ma mère comptait vendre éventuellement. Ils étaient tous très mignons. Un jour, j'ai malheureusement manqué d'habileté : j'ai sauté sur un chaton. Il s'est mis à respirer difficilement. J'ai aussitôt averti ma mère, mais en lui cachant la vérité, parce que j'avais trop honte. Comparativement à Puce, ce chaton ne représentait aucune valeur affective pour moi. Le fait de constater le côté dangereux de mes manies augmentait insidieusement ma peur de perdre le contrôle de mon cerveau et de la personne que j'étais. Puis, je me suis mise à penser que l'ami de mes parents était peut-être en train de faire un voyage astral au même moment et qu'il avait vu ce qui s'était réellement passé.

En plus de cette manie des sauts, j'avais une autre obsession, sans être tout à fait consciente de sa dangerosité. C'était une pulsion irrésistible de me remuer la tête très violemment, au point d'avoir l'illusion de sentir mon cerveau, un peu comme certains autistes font. C'était devenu l'équivalent d'une drogue, et j'en avais très honte. Je ne m'y adonnais que lorsque j'étais seule dans ma chambre. Une fois, cependant, je me suis laissée aller à quelques grands coups dans la cuisine. Ma mère passa au même moment. Elle prononça une phrase anodine, mais qui pour moi était l'équivalent d'un miroir diabolique montrant mes défauts en plein visage, en les accentuant mille fois. Elle avait dit : « On dirait que tu as des décharges électriques ». Ce n'étaient pas ces mots qui avaient le plus d'impact, mais le fait de prendre conscience qu'une autre personne avait vu ce dont j'étais affligée. Cette obsession allait gâcher une très grande partie de ma vie, provoquant plusieurs autres troubles.

Quand je regardais un film avec mon frère dans le salon, je manifestais des tics sonores sans arrêt. Ma dichotomie entre l'Annabelle privée et l'Annabelle publique n'était pas encore aussi forte qu'à l'âge adulte, c'est pourquoi il y avait quelques tics qui réussissaient à s'échapper malgré des tentatives d'inhibitions. Mon frère trouvait ces bruits étranges, et dans le but de me faire prendre conscience de la manifestation constante de ces tics, il m'imitait toutes les fois, avec un ton moqueur. Il était mon miroir, et ce que j'entrevoyais était horrifique, provoquant une honte toujours plus grande en moi. Mais qui étais-je ? Pourquoi n'étais-je pas normale, comme toutes les adolescentes de mon âge ?

Durant quelques années de mon adolescence, j'éprouvais une sorte de phobie des dentistes, ce qui m'obligeait à endurer des maux de dents fréquents. Cette souffrance m'empêchait d'avoir un sommeil récupérateur, car je devais souvent me lever la nuit pour appliquer un produit froid sur mes dents, dans l'espoir de geler la douleur. Je m'infligeais inconsciemment une pénitence en refusant d'aller me faire soigner. Comme si c'était réellement ce que je voulais, souffrir et me sentir désespérée par la douleur qui m'accaparait. Une pénitence d'être ce que j'étais, étrange, avec plusieurs tics obsessionnels que je ne comprenais pas, complexe dans ma personnalité différente des autres, dans ma sensibilité à fleur de peau, dans mes désirs, dans ma façon de penser et de ressentir. Peut-être qu'en souffrant suffisamment je deviendrai une personne normale capable de vivre une vie normale ? Une souffrance physique et psychologique qui envahirait totalement mes pensées au point d'invalider mon potentiel créatif et intellectuel, et n'être plus qu'une marionnette obéissant à un déterminisme absolu de la vie ?

J'avais ce désir d'être comme les autres, pour échapper aux jugements négatifs. Cette crainte d'être mal jugée était exacerbée lorsque je me trouvais devant des gens qui ne se questionnaient jamais sur la nature humaine, qui jugeaient selon ce qu'ils voyaient, sans aucune nuance, mais plutôt selon leurs propres valeurs, leurs propres définitions de l'intelligence, etc. J'ai connu un homme d'une grande intelligence, avec une vive curiosité ainsi qu'une grande finesse d'esprit, qui avait été considéré comme un idiot par un autre homme qui ne comprenait pas que quelqu'un puisse posséder un autre type d'intelligence que la sienne. Quand notre identité est relativement fragile, notre environnement proche peut être très nuisible et nous empêcher de nous connaître réellement.

Pour percevoir l'intelligence des autres, il faut en général posséder l'équivalence. Il y a une grande différence entre la perception d'un talent et l'intelligence. Tout enfant possédant un talent dans un domaine peut se remarquer même si nous ne possédons pas le même. Mais l'intelligence est un domaine si subtil et si complexe qu'il est difficile pour un parent de détecter une intelligence supérieure chez leur enfant si lui-même ne possède pas le même type d'intelligence. Le parent qui accorde une trop grande importance au développement intellectuel de son enfant, dans le but d'une carrière remarquable à l'âge adulte, et qui le pousse dans plusieurs activités ayant pour but de le stimuler au maximum, peut être aussi nuisible que de le sous-stimuler. Cette pression sur l'enfant occasionne souvent des problèmes de procrastination à l'âge adulte, et contribue parfois à faire d'eux d'éternels étudiants. Elle peut aussi engendrer un type de perfectionnisme handicapant, pouvant mener à un trouble obsessionnel compulsif. Au cours de ma vie, j'ai souvent remarqué que nombre d'étudiants ne finissaient pas leur diplôme, ne remettaient pas leurs travaux scolaires à temps, même en possédant un très grand potentiel d'apprentissage. C'est alors qu'en les questionnant sur leurs rapports avec leurs parents, que je constatais qu'ils avaient beaucoup de pression à la maison. La peur de se retrouver sur le marché du travail et de ne pas être à la hauteur des attentes de leurs parents pouvait être la conséquence de ces troubles. Finalement, à trop mettre de la pression, c'est souvent l'effet contraire qui se produit. L'essentiel, pour le développement des enfants, est de leur donner suffisamment de stimulation intellectuelle et créative, tout en leur laissant la liberté d'être ce qu'ils veulent vraiment.

On dit qu'il y a approximativement de 2 % à 5 % d'enfants et adultes surdoués, possédant un quotient intellectuel égal ou supérieur à 130[2]. Surdoué est un mot souvent perçu péjorativement. Les gens craignent ce mot, hésitent à l'écrire ou à le prononcer à voix haute, comme s'il pouvait causer un gonflement de l'ego, au point de le faire éclater. On retrouve maintenant différents termes qui le remplacent, tel que zèbre, faisant référence à cet animal différent qui utilise ses rayures pour se dissimuler.

Tout comme les gens riches, les surdoués sont potentiellement détestés par plusieurs. Même qu'une personne qui se sait surdouée et qui l'affirme est moins bien perçue qu'un riche qui affirme qu'il est riche. Le surdoué n'attirera aucunement l'empathie des autres, au contraire, il se fera juger à tort, en plus d'être méprisé et pris pour un prétentieux. La plupart de ceux-ci s'adapteront à leur environnement en se comportant en caméléon, afin de dissimuler cette différence. La douance est mal perçue en raison de sa méconnaissance. En effet, on associe cette particularité au fait d'être beaucoup plus intelligent que les autres, alors

---

[2] Rambert, M. (2015). *Adultes surdoués: comprendre leur différence*. Récupéré sur Psychologie.com: http://www.psychologies.com/Moi/Se-connaitre/Comportement/Articles-et-Dossiers/Adultes-surdoues-comprendre-leur-difference

qu'en réalité, ce n'est pas tout à fait exact. La douance est caractérisée par une intelligence qualitativement différente plutôt que quantitativement. Elle est principalement définie par une hypersensibilité, une hyperémotivité, une grande curiosité, une imagination débordante, une rapidité marquée d'apprentissage, un grand souci de justice, un sens de l'humour très développé, une propension au perfectionnisme, etc. Ces personnes réagissent plus intensément aux stimuli, parce qu'elles possèdent une structure psychologique plus complexe, les amenant à ressentir la vie en général de manière différente.

Le manque de compréhension à l'égard de la différence fut la cause principale du décrochage scolaire de mon frère, quatre années avant mon propre décrochage. Vers l'âge de treize ans, mon frère était doté de très grandes facultés intellectuelles, mais souffrait déjà d'une tendance au perfectionnisme, doublé d'anxiétés et d'insécurités. Il utilisait souvent la provocation, l'affrontement, ainsi qu'une tendance à la rébellion envers l'autorité. Ainsi, la commission scolaire décida de le placer dans une classe pour élèves en difficulté. À sa première journée de classe, il fut traumatisé. Pour lui, de se retrouver parmi des étudiants qu'il qualifiait d'arriérés, représentait la pire des insultes. Alors, quelques semaines plus tard, il décrocha de l'école.

Avec les années, il accumula beaucoup de rage à l'égard de la société qui n'avait pas vu en lui ce qu'il était réellement. Il vivait avec un grand sentiment d'injustice. Je sentais parfois sa rage en lui. De manière récurrente, je rêvais que mon frère tuait toute notre famille à coups de couteau avec une grande violence, un peu, j'imagine, comme lorsqu'il était jeune et qu'il poignardait les poules du voisin. D'où l'importance de bien évaluer les surdoués pour éviter qu'ils ne se transforment en monstres aux pulsions meurtrières. En reconnaissant leur singularité, on ne peut que les aider à s'épanouir et enrichir la société. Heureusement, tous les surdoués ne possèdent pas une propension à la violence.

Personnellement, je me considère comme un hybride entre surdouée et déficiente intellectuelle, car je possède certaines caractéristiques des deux, ce qui peut sembler paradoxal. En réalité, mes caractéristiques similaires à celles de la déficience intellectuelle sont causées par des troubles neurologiques, tels que le syndrome Gilles de la Tourette et le trouble déficitaire de l'attention avec hyperactivité. L'anxiété causée par ce syndrome favorise une grande fatigabilité lors des apprentissages. Je dois constamment lutter contre mes pulsions obsessionnelles afin de laisser le chemin libre dans mon cerveau pour enregistrer une nouvelle information. Lorsqu'un tic ou une série de tics se manifestent, cela prend toute la place dans ma conscience, mes pensées et mon raisonnement. De plus, mon déficit d'attention ajoute une grande difficulté.

D'où l'importance de bien évaluer la santé mentale et la santé en général des élèves avant de leur faire passer un test de quotient intellectuel. Plusieurs surdoués peuvent être perçus comme des arriérés par des gens dits normaux, étant donné leur manière de penser qui diffère des autres, d'autant plus que plusieurs même n'utilisent pas tout leur potentiel pour différentes raisons. Cette inhibition intellectuelle est fréquemment vécue quand les parents ignorent les particularités typiques à la douance de leur enfant. L'enfant, se sentant différent de ses parents, en viendra à inhiber son potentiel afin de conserver l'amour parental.

Dans mon cas, j'étais demeurée une petite fille sur le plan émotif, ce qui ne m'aidait pas pour dégager de la crédibilité. Je souffrais de ce syndrome qui me grugeait toute mon énergie, et m'empêchait d'utiliser au maximum mon potentiel cérébral. En apparence, je n'étais qu'une petite poupée sans cervelle ne servant qu'à glorifier l'estime de soi des autres. J'ai teint en noir durant de nombreuses années mes cheveux blonds naturels, et par la suite en roux. C'était une manière symbolique et inconsciente de réparer mes blessures d'identité reliées au stéréotype de la blonde.

Un jour, l'une de mes connaissances décida de me présenter à son amoureuse, espérant que nous pourrions devenir amies. Cette jeune femme, comme beaucoup d'autres, avait des préjugés sur les belles blondes. Finalement, la rencontre se déroula plutôt bien, mais en raison de ma timidité, je ne lui révélai qu'une infime partie de ma véritable personnalité. Plus tard, j'appris qu'elle me trouvait trop sage pour envisager une amitié. Un autre préjugé, bien éloigné de la réalité.

Tout au long de la soirée, elle était en compagnie d'une femme complètement déjantée, sans en avoir la moindre idée. Les personnes timides sont souvent celles qui cachent les aspects les plus intenses et les plus amusants de leur personnalité. Révéler cette véritable nature peut s'avérer délicat, nécessitant une grande confiance en soi et une profonde compréhension de soi-même pour faire tomber le masque de la bienséance. Ajoutez à cela une méfiance innée envers les femmes, et vous obtenez un mélange complexe qui rend encore plus difficile l'élimination de ce masque.

Cette mésaventure m'a révélé combien la perception des gens est souvent façonnée par des stéréotypes. Les préjugés contre les blondes étaient particulièrement irritants. Bien que ces stéréotypes n'aient aucun fondement scientifique, ils exercent une grande influence. La blondeur est souvent associée à la stupidité, ce qui m'a amenée à être constamment prise en charge et sous-estimée. Cette surprotection n'a fait qu'amplifier mon insécurité et miné ma confiance en moi.

Plus un enfant possède de potentiel sans qu'il ne soit sollicité, plus il risque de s'éloigner de lui-même en se conformant aux attentes des autres. Cela crée un cercle vicieux dont il est difficile de sortir. Jeunes, nous n'avons généralement pas conscience de cette suradaptation, ce qui nous pousse à cacher notre véritable nature. L'entourage joue alors un rôle crucial pour aider ces enfants à mieux se connaître.

Dans mon cas, j'ai eu la chance de me lier d'amitié avec Mathias, un jeune homme doté d'une intelligence remarquable et de multiples talents, tant intellectuels qu'artistiques. En côtoyant Mathias, je commençais à me détacher de cette fausse image de moi-même. Son admiration a illuminé ma véritable personnalité, me mettant en lumière et facilitant mon épanouissement intellectuel. Je lui étais profondément reconnaissante pour cela.

Mathias percevait en moi une pureté, une innocence et une capacité d'émerveillement qui troublaient son propre cynisme, une façade qu'il avait bâtie pour se protéger de l'ultra-sensibilité qu'il souffrait en silence. En étant amoureux de moi, il semblait retrouver en lui ce petit enfant qui s'émerveillait pour les petites choses de la vie.

J'avais un besoin pressant de reconnaissance, après toutes ces années passées à rêvasser dans ma chambre. Mes propres besoins annihilaient mon altruisme envers lui. Ainsi, devant moi, il commença à adopter des comportements autodestructeurs, et je restais passive, ne faisant rien pour y mettre fin. Bien qu'il souffrît profondément de la non-réciprocité de nos sentiments, il désirait malgré tout préserver notre amitié. Son autodestruction se manifestait par des coups de poing qu'il se donnait directement dans le ventre. On dit souvent que l'amour se manifeste dans l'abdomen, ce qui explique les fourmillements ressentis au ventre lorsqu'on rencontre un nouvel amoureux. Ainsi, en se frappant le ventre, il cherchait à ébranler ses sentiments amoureux, espérant qu'ils finiraient par disparaître.

On pourrait comparer ces coups masochistes aux personnes qui s'automutilent. On peut penser que l'automutilation est typiquement féminine, étant donné que les femmes sont reconnues pour être plus subtiles, indirectes et douces. Aussi, elles sont plutôt portées à se couper, pour voir le sang couler tranquillement, un peu comme si elles pleuraient. Alors que les coups de poing dans le ventre que l'on se donne semblent typiquement masculins. Les deux auraient la même origine, soit la haine de soi, la détestation de l'être sensible et vulnérable que nous sommes, en particulier en amour.

Un de mes oncles s'était déjà donné de puissants coups de poing au visage pour réprimer ses larmes lors de l'enterrement d'un ami. Dans ce contexte-ci, il exprimait une profonde haine de sa propre sensibilité. Il se frappait au visage, car symboliquement, c'était comme s'il perdait la face devant tous ces gens. Toujours habillé de sa carapace d'homme insensible, cet événement avait temporairement brisé ce masque. Je soupçonne que de nombreux hommes s'infligent des coups pour faire cesser leurs douleurs intérieures inavouables. Peut-être que la boxe est, en réalité, un sport conçu pour détruire les émotions qui fragilisent les boxeurs, les rendant plus forts, autant au sens propre qu'au figuré. En encaissant des coups, on ébranle les fondations émotionnelles et senti-mentales. D'ailleurs, il me semble que beaucoup de boxeurs finissent par ressembler à des humanoïdes.

Quant à mon ami, je me sentais embarrassée devant le châtiment qu'il s'infligeait, mais en même temps, ceci me donnait l'illusion d'être importante. Comme si, au fin fond de moi, je me disais : « Il y a un humain sur cette Terre qui se fait du mal pour moi. Finalement, je ne suis pas qu'une simple poupée décorative ». À travers sa douleur, il aug-mentait ma valeur à mes propres yeux. C'est malheureusement le com-portement typique des gens souffrant des troubles de la personnalité narcissique ou antisociale. Ceux qui souffrent de ces troubles manquent littéralement d'empathie envers autrui et ont tendance à rabaisser et à faire souffrir les autres dans le but de se valoriser eux-mêmes.

Heureusement, maintenant, lorsque j'éprouve de l'affection pour quelqu'un, je ressens également de la douleur quand cette personne souffre. Cependant, ce trait peut parfois m'empêcher de m'affirmer, en particulier lorsque je suis amoureuse. Comme si je subissais un mauvais sort pour me punir de ce petit « plaisir narcissique » éprouvé jadis, de manière plutôt malsaine. Quelques années plus tard, alors que nous étions encore amis, il m'avoua qu'il était entré dans ma messagerie (que j'avais malencontreusement laissée ouverte sur son ordinateur) afin d'y bloquer l'adresse courriel d'un homme dont j'attendais une réponse. Son comportement, somme toute impardonnable, était la suite logique de cette dynamique malsaine qui s'était installée dès le début dans notre non-réciprocité amoureuse.

VI

Mon parcours universitaire

À vingt et un ans, je me suis inscrite au baccalauréat en arts plastiques, mais je me suis toujours sentie en décalage avec les autres élèves. Le seul moment que j'ai vraiment apprécié dans ce programme a été lorsque mon frère et moi sommes allés dans un cimetière pour y cueillir des fleurs déposées sur les tombes, dans le but de les intégrer à une œuvre d'art que je devais présenter en classe. En tant qu'étudiante avec des moyens limités, je n'avais pas d'autre choix que de prendre ces fleurs, et la noble intention derrière ce geste atténuait un peu ma culpabilité. Malgré cela, je me trouvais dans un état de nervosité et de peur.

La noirceur environnante amplifiait mon anxiété, ce qui me conduisit à quelques maladresses, comme faire tomber des objets sans réussir à les identifier correctement. Était-ce une figurine de Jésus-Christ, de la Vierge Marie, ou d'un saint quelconque ? J'étais trop effrayée pour les remettre en place. Le lendemain, mon frère m'informa que des animateurs radio avaient parlé de notre visite, persuadés qu'il s'agissait d'adolescents vandalisant le cimetière. Pourquoi encore accuser des adolescents d'actes qu'ils n'avaient pas commis, alors que les véritables auteurs étaient des adultes, agissant malgré tout avec de bonnes intentions.

Quelques jours plus tard, j'exposai mon œuvre d'art devant les élèves de ma classe en leur expliquant mon cheminement artistique, sans toutefois leur avouer toute la vérité. Soudain, mon esprit se sentit agressé et je ne savais pas comment réagir face à cette violence. On aurait dit que les esprits du cimetière se vengeaient sur moi. Je me sentais paralysée entre le désir de m'enfuir et le sentiment du devoir. Cette expérience me démontra les signes avant-coureurs d'une grande anxiété sociale. J'appréhendais tous ces regards empreints de jugements négatifs et méprisants à mon endroit. À cette époque, je n'avais pas encore développé une attitude de fuite, me sentant au contraire dans l'obligation de satisfaire aux demandes scolaires. Je me suis donc fait violence, et j'ai réalisé avec beaucoup de courage cette exposition. À la toute fin de ma présentation, j'aperçus un étudiant qui applaudissait avec vigueur. Je me sentis soulagée. Mais, tout de suite après, ce fut le comble de l'humiliation, car aucun autre étudiant n'avait daigné le suivre dans son élan d'enthousiasme. La vie en général est plutôt ironique. Je compris que le rejet émergeait lorsqu'on le craignait. Leurs agissements reflétaient ce que je ressentais réellement envers eux. En fait, je ne leur portais aucune affection, car je ne les connaissais pas intimement. J'ai toujours eu ce besoin de profondeur, et dans ces cours d'arts plastiques, ce n'était que superficialité. Souvent, nous sommes terrifiés à l'idée de ce que les autres peuvent penser de nous, mais, en vérité, nous sommes les pires juges envers ceux-là mêmes.

Lors d'un cours d'art, dans lequel je réalisais toujours des sculptures d'hommes et de femmes qui faisaient l'amour, je vis un étudiant entrer dans la classe en tenant un cerveau humain dans ses mains. Depuis mon enfance, j'avais une hypersensibilité vis-à-vis des organes internes ; rien que l'idée de voir une opération ou un corps gravement blessé me donnait la nausée. La vue de ce cerveau réel me fit paniquer. Cet étudiant l'avait obtenu de la salle d'anatomie située dans le sous-sol de l'université. Même pour un million de dollars, je n'aurais jamais osé y mettre les pieds. L'idée même d'y être un jour, morte et démembrée, me troublait profondément ; c'est pourquoi je n'ai jamais signé l'endos de ma carte d'assurance maladie.

Quand mon professeur vit ma réaction excessive, il vint vers moi et me suggéra vivement de surmonter ma peur en touchant le cerveau. Selon lui, réussir à affronter cette peur me donnerait la confiance nécessaire pour affronter toutes les autres peurs de ma vie. Désireuse de le rendre fier, je décidai de relever le défi. Entre mon professeur et un autre étudiant, je pris le cerveau dans mes mains. À cet instant, une multitude de pensées m'envahit : appartenait-il à un homme ou une femme, un enfant ou un vieillard ? À une personne malade, un sadique, une célébrité ? Ou encore, à un membre de ma famille, comme mon oncle ou mon père ? Mon imagination vagabondait. Maintenant que j'avais réussi à tenir cette agglomération de neurones et que je me sentais fière, je décidai de pousser mon audace plus loin : j'embrassai le cerveau. Embrasser l'intelligence à l'état pur, bien que morte, fut un moment déclencheur dans mon désir de franchir une nouvelle étape dans mon évolution académique. Quelque temps après, je décidai de m'inscrire au baccalauréat en psychologie. Le programme d'arts plastiques ne me satisfaisait plus. J'étais passionnée par ces nouveaux apprentissages théoriques, tout en étant extrêmement fragile vis-à-vis de ma personnalité, mon estime de soi et mon identité. Vu mon parcours académique discordant, je vivais beaucoup de pression pour prouver aux autres, ainsi qu'à moi-même que j'étais brillante.

À l'époque, je n'avais pas encore mis le doigt sur ce dont je souffrais réellement. Subir de nombreux symptômes sans pouvoir leur attribuer de nom ou de cause était une torture psychologique en soi. Je ressentais une grande insécurité en raison des faibles montants de prêts et de bourses qui m'avaient été accordés. De plus, je me forçais à obtenir des notes parfaites. Un jour, alors que j'étais assise en plein milieu de la classe, écoutant la professeure donner son cours, un violent frisson incontrôlable me traversa la tête. Une crise de panique se déclencha immédiatement : mon cœur battait à toute vitesse, ma respiration s'accéléra et ma transpiration devint excessive. Le fatalisme semblait envahir mes neurones.

J'étais dans un état de désespoir spontané, révélant de nombreux maux jusque-là réprimés. Cette panique était exacerbée par les regards insistants autour de moi. Deux pulsions opposées surgirent alors : d'une part, je désirais fuir cette classe bondée d'étudiants le plus rapidement possible ; d'autre part, j'étais terrifiée à l'idée de me lever devant eux pour partir, alors que rester assise était devenu insupportable. Ce jour-là, mon inconscient révéla mes limites. Ma personnalité se décomposa en mille fragments, comme à travers un kaléidoscope. Je me sentais perdue dans mon corps et mon esprit. Heureusement, la pause arriva peu après. Je sortis en courant, comme si une alarme d'incendie venait de se déclencher. Quelques larmes de désespoir caressèrent durement mon visage délicat. Mon inconscient établit un lien entre ce frisson incontrôlable et mon ancien tic de secouage de tête, que j'avais manifesté pendant mon adolescence et qui était causé par le syndrome de Gilles de la Tourette, mais que j'ignorais à l'époque. En vieillissant, je devenais de plus en plus consciente des effets néfastes de ce tic. Je tentais de le réprimer le plus possible pour me protéger de moi-même. Depuis plusieurs années, ce tic obsessionnel était enfoui dans un recoin de mon esprit. Ainsi, ce soubresaut soudain de la tête avait ravivé la peur de renouer avec cette vieille manie.

À partir de ce jour, une phobie sociale spécifique se développa en moi, conséquence de mon syndrome non diagnostiqué et non pris en charge. Elle envahissait complètement mon esprit, encore plus que le syndrome lui-même. Elle se manifestait par une peur irrationnelle d'avoir d'autres mouvements incontrôlables, me faisant craindre de paraître étrange aux yeux des autres. Cette anxiété était particulièrement intense lorsque j'étais assise. Quand on me parlait pendant que j'étais dans cette position, tout mon corps se figeait, malgré mes efforts pour dissimuler mon malaise. Je ne pouvais soutenir le regard des autres. Chaque geste était soigneusement calculé en fonction du risque d'un autre spasme. Si le risque était trop élevé, je préférais m'abstenir. Pour communiquer plus aisément, je choisissais de le faire debout.

Dans une classe, je m'assoyais toujours complètement en arrière, de sorte de pouvoir me dissimuler dans une solitude rassurante. Je maîtrisais de plus en plus l'art de la fuite, de toutes les façons possibles, afin de m'éviter des souffrances psychologiques. J'étais à ce point douée que je parvenais à me mentir à moi-même, considérant ma solitude comme innée alors qu'en vérité, elle était la conséquence de ces troubles. À trop fréquenter la solitude, j'en étais venue à ne plus faire de réelle distinction entre parler à une personne ou à moi-même. Extérioriser à voix haute des phrases entières était devenu un exutoire essentiel à ma santé mentale. Je conservais toutefois ma lucidité, contrairement à une personne souffrant de délire psychotique, la faisant discuter avec un personnage imaginaire, pourtant bien réel à ses yeux.

Le syndrome Gilles de la Tourette est une affection neurologique caractérisée par des tics moteurs et des tics vocaux qui se développent généralement durant l'enfance, et pouvant diminuer à l'âge adulte. Selon plusieurs études, le nombre de personnes souffrant de ce syndrome est estimé à 1 sur 2000. Cependant, cette estimation change à 1 sur 200 si les formes mineures, comme les tics transitoires, sont prises en compte dans la définition de la maladie. Il y aurait trois hommes pour une femme atteints de ce trouble neurologique. En plus des tics, le syndrome est généralement associé à d'autres manifestations telles que des troubles obsessionnels compulsifs, un déficit d'attention, de l'hyperactivité, de l'impulsivité, de l'anxiété, un manque d'inhibition, de l'opposition-provocation, de troubles d'organisation et de planification, de changements d'humeur, de troubles du sommeil ou de l'apprentissage. Il est parfois également associé à des crises de rage, voire de panique. En contrepartie, ce syndrome n'affecte aucunement les capacités intellectuelles d'un individu ni son espérance de vie[3].

D'après mon expérience personnelle, je suspecte que les tics sévères que j'avais à la tête ont affaibli mon cerveau. Depuis cette période, j'ai remarqué que je me fatigue beaucoup plus rapidement. À cette époque, je souffrais fréquemment d'étourdissements, des symptômes qui évoquaient une commotion cérébrale. Probablement parce que je suis une femme, certains des troubles associés à ce syndrome étaient vécus de manière plus subtile. Durant mon enfance, j'avais appris à les inhiber dans l'espoir d'être acceptée par mes parents et par la société. Cependant, la rage que je ressentais parfois, mais que j'inhibais, avait tout pour favoriser l'apparition d'une bombe, d'émotions refoulées, prêtes à exploser à la moindre faille dans mon autocontrôle. L'hyperactivité en

---

[3] Plessis, A. (2013). *Syndrome de Gilles de la Tourette: des tics et des troubles difficiles à vivre.* Récupéré sur Doctissimo: http://www.doctissimo.fr/html/psychologie/principales_maladies/15977-syndrome-tourette.htm

lien avec mon déficit d'attention était plutôt axée sur le mental que sur le physique, ce qui la rendait plus difficile à diagnostiquer. La provocation était vécue de manière si subtile que je n'en étais pas toujours consciente. Mais son effet sur les gens était aussi percutant et déstabilisant que la provocation directe.

Avec les années, je compris que je manquais parfois d'inhibition dans certains contextes malgré ma timidité apparente. Afin d'équilibrer mon comportement, ma timidité était parfois une protection contre la tendance à manquer d'inhibition reliée à ce syndrome de la Tourette. J'estime qu'il est important d'être attentif aux personnes qui affichent une grande timidité, car, parfois, ce n'est qu'une couverture cachant des troubles beaucoup plus profonds. Les gens n'avaient pas tendance à penser que j'avais besoin d'aide, parce qu'ils pensaient que j'étais tout simplement une grande timide. Pourtant, ma détresse psychologique était bien réelle. Mais, en tant que jeune femme extrêmement fière, je ne montrais que ma grâce et ma beauté.

Le jour où ma phobie sociale spécifique se déclencha, en arrivant chez moi, j'éclatai en sanglots pendant plusieurs heures. Je me sentais complètement désorientée, comme si l'on m'avait tournée en rond pendant plusieurs jours avant de me lâcher dans un environnement d'adultes hostiles, où toutes sortes de menaces me guettaient.

Ces traumatismes suscitèrent en moi des pensées indésirables, telles que l'idée de devenir une escorte. Après tout, je n'avais rien à perdre, me sentant tellement désespérée que ma fierté naturelle, ma dignité et mon amour de soi avaient disparu. Quelque temps après, je communiquai avec un homme qui cherchait des filles pour devenir des escortes, car ma beauté et ma sensualité étaient toujours présentes. Il souhaita que nous nous rencontrions dans un restaurant pour en discuter. Heureusement, je parvins à retrouver un peu d'estime de moi, cachée dans un recoin perdu de mon cœur. Je n'y suis donc pas allée et j'ai définitivement renoncé à cette mauvaise idée. Cependant, un venin autodestructeur persistait continuellement dans mon esprit, de manière très subtile et insidieuse.

VII

À la recherche de ma sexualité

À la fin de ce trimestre, je décidai de partir pour la ville de Québec en espérant y dénicher un travail saisonnier. Je m'installai chez des amis, Sylvain et Mélissa, que j'avais connus dans ma ville natale quatre ans auparavant. Le fait d'habiter avec eux fut malheureusement un élément déclencheur de sexualité tordue. Ce couple rencontrait de jeunes femmes seules ou en couple pour avoir des relations sexuelles ensemble. Sylvain était également accro à la pornographie, avant que la dépendance au cybersexe ne soit considérée comme une pathologie.

Encore timide, la grande curieuse que j'étais découvrait un monde de perversités. Je ne pouvais m'empêcher de regarder cet écran diabolique reflétant des formes, des gestes et des cris, tous troublants et provocants. Jusqu'où l'humain pouvait-il aller ? Ma pureté semblait se corrompre de manière exponentielle.

Il ne s'agissait plus de conserver une ouverture d'esprit lorsque des vidéos exhibaient de la zoophilie, des viols sordides, et autres perversités. Dans leur appartement, il n'y avait qu'une seule chambre, ce qui m'obligeait à dormir dans le salon. Sylvain venait fréquemment devant son ordinateur pour y regarder des vidéos pornographiques. D'une certaine manière, je me sentais obligée de les regarder en même temps. Parfois, il se pavanait en me montrant son organe en érection, sans aucune pudeur. Il désirait me séduire de cette manière. Il me faisait part de son désir que je le stimule, en lui offrant un strip-tease par exemple, ou en touchant son phallus prêt à éclater de ses millions de petits spermatozoïdes. Il refusait de comprendre que ma libido était connectée à mon cœur, et que sans celui-ci, ma libido était endormie. Plus il insistait, et plus ma libido dormait profondément. Je le voyais souvent avoir des relations sexuelles avec Mélissa. Les premières fois, j'étais intriguée, mais avec le temps, comme je ne les désirais pas, cela devenait lassant. Toutes ces visions de sexe sans amour pervertirent ma capacité à ressentir mes réels besoins. J'étais une jeune femme d'une extrême sensibilité et très romantique, mais ça, je l'ignorais. J'avais même réussi à me convaincre que j'étais moi aussi une petite vicieuse, et que ce n'était que cela que les hommes désiraient.

Je fus finalement engagée à la charcuterie « La Tour-Eiffel » pour la période estivale. À l'appartement, je voyais fréquemment des « saucisses » en pleine action sur l'écran de l'ordinateur, tandis qu'au travail, j'en manipulais des centaines, avec soin, à une température de zéro degré, pendant huit heures par jour.

Je rêvais souvent de pénis flasques, comme ces saucisses crues manquant de fermeté que je manipulais toute la journée. C'était la première fois que je supportais un travail aussi longtemps. Cette fois-ci, j'ai tenu un mois avant d'abandonner. Au cours des étés précédents, j'avais tenté divers emplois, principalement dans le service à la clientèle. Le contact avec les clients me provoquait une grande anxiété sociale, sans que je puisse en comprendre la raison. Cet état m'épuisait très rapidement. Je me sentais contrainte de persévérer et de me battre contre une vie qui me malmenait, afin de payer mes études et subvenir à mes besoins de base. À cette époque, j'ignorais totalement ce dont je souffrais. Je finissais toujours par mettre un terme aux emplois que j'entreprenais. L'impact de devoir accomplir quelque chose contre ma nature, comme c'était le cas ici, ne pouvait qu'entraîner de futurs troubles mentaux.

Contre toute attente, je téléphonai à une agence de massages érotiques que j'avais repérée dans le journal. Le venin destructeur en moi, jadis réprimé, avait décidé de ressurgir. Ce comportement soudain était diamétralement opposé à ma nature profonde de grande rêveuse romantique. Il contrastait également fortement avec l'innocence et l'ingénuité que je possédais. En réalité, je me sentais découragée et désespérée de ne jamais trouver un emploi correspondant à mes forces et mes fragilités. La cohabitation avec la perversion m'avait probablement influencée dans ma décision d'essayer le massage érotique. Ce choix découlait sans doute d'une tentative inconsciente de tester mes limites dans cet univers. Qui étais-je réellement : une grande vicieuse ou une grande romantique amoureuse ?

Je travaillai pour deux agences de massages érotiques. À la première, après un seul client, je décidai d'abandonner immédiatement. Cette première expérience avait été suffisamment traumatisante pour que je ne veuille plus recommencer, du moins, pour un certain temps. Le client était un vieillard sourd, avec une odeur nauséabonde. Lorsque je le caressai, je ressentis la sensation de toucher la mort, accompagnée de son odeur caractéristique. Heureusement, cet homme avait encore assez de conscience pour ne pas espérer que son organe reprenne vie. Il resta sur le ventre tout au long de la séance, ce qui m'évita de voir son organe, déjà visiblement usé, du moins, je le présumais. Pendant que je caressais cet homme proche de la mort, je m'imaginais que, dans le futur, il pourrait exister des agences de massages érotiques spécialisées pour les personnes décédées, comme un complément à la thanatologie. Certains pourraient voir dans ce service un espoir de redonner vie aux défunts, car n'est-ce pas dans le désir sexuel que se concentre la plus grande vitalité ?

Quelques semaines plus tard, j'entrepris une seconde tentative avec une autre agence. Mes besoins financiers devenaient pressants, car je devais payer deux appartements en plus des frais pour la prochaine session universitaire. Cependant, ce n'était pas la véritable raison de cette deuxième tentative. Le besoin de me tester était en réalité plus fort que le besoin d'argent. Peut-être étais-je influencée par la sexualité débridée de mes amis ? En la transposant dans ma propre vie, je pensais pouvoir aller jusqu'au bout, découvrir ce qui se cachait derrière la perversité, et l'apprivoiser pour mieux la contrôler. Je me disais qu'en maîtrisant cette perversité, je pourrais la vaincre et retrouver en moi l'innocence originelle.

Dans cette agence de massage, je me faisais appeler Lolita. Ce choix n'était pas très étonnant, car, dans mon émotivité, j'avais encore environ douze ans, l'âge où je voyais quelques hommes de mon école tenter de me séduire. Il est révoltant, et même illégal, d'imaginer une jeune fille travaillant dans une agence de massages érotiques. Il est regrettable que, bien que l'on ait l'âge légal pour ce genre de travail, on ne possède pas toujours la maturité nécessaire pour faire un bon jugement sur nos actes. Les propriétaires de ces agences voyaient simplement une opportunité d'augmenter la rentabilité de leur entreprise. Ils ne se donnaient pas la peine de faire une sélection approfondie de leurs employées. Pour la plupart, ils se souciaient peu de l'impact que cela pouvait avoir sur l'âme des jeunes femmes. Lorsqu'on manque de confiance en soi, que les gens ne reconnaissent pas nos forces et nos faiblesses, et que nos souffrances restent invisibles aux yeux des autres, il existe un réel danger de sombrer dans l'autodestruction.

Lorsque je massais un client, l'Annabelle publique prédominait, car je présume qu'aucun client n'aurait aimé voir ce qui se cachait sous mon masque de bonnes conduites. En voyant mon vrai visage, donc l'Annabelle privée, ils auraient perdu cette jouissance illusoire de se trouver dans cet univers de rêves et de fantasmes érotiques, où les jeunes femmes sont toutes belles, parfaites et séduisantes. Des femmes avec une belle personnalité, soumises aux hommes, soumises à leur plaisir, leur bonheur, leur importance en tant qu'homme. Un univers où les femmes n'ont aucune agressivité, aucun caractère, ayant comme unique désir d'assouvir les pulsions sexuelles masculines. Non, je n'étais pas cette femme, même si je leur démontrais le contraire. J'étais un monstre de pulsions obsessionnelles qui se maîtrisait parfaitement, au point de leur donner l'illusion que j'étais un ange sans aucun défaut. Quand mon client partait, je prenais une douche et l'Annabelle privée réapparaissait. Grimaces et bruits étranges m'envahissaient complètement. Quelques minutes plus tard, un autre client, et tout ce chaos pulsionnel se dissimulait parfaitement sous mon charme ingénu, encore une fois.

Un soir, après une journée particulièrement troublante à travailler dans ce milieu lubrique où mes deux personnalités étaient encore plus dissociées, je me dirigeai vers l'arrêt d'autobus. Un homme, beaucoup plus âgé que moi, attendait là. Une fois à bord, il s'assit à mes côtés, alors que d'autres sièges étaient libres. Je me demandais, en repensant à ma journée, s'il pouvait être l'un de mes clients, même si son visage ne me rappellerait personne en particulier. Rapidement, il commença à me faire la cour, allant jusqu'à me proposer de venir vivre avec lui en Espagne. Je fus très étonnée. Il répétait sans cesse que je ne le regretterais pas, sous-entendant qu'il possédait plusieurs millions et que je serais bien gâtée. Je n'avais aucune envie de me faire draguer par cet inconnu ; tout ce que je désirais, c'était de me reposer seule dans l'appartement où je vivais en colocation. Ce qui était déjà difficile, car je partageais mon espace avec deux amis dont l'unique passion semblait être la sexualité sous toutes ses formes.

Il est faux de croire que l'argent achète tout. Pourtant, parfois, je me dis que si cet inconnu avait eu le courage de m'approcher de cette manière, en m'offrant une opportunité aussi inhabituelle, ce n'était pas sans raison. Depuis longtemps, je ressentais en moi une dualité entre la vierge et la putain, ainsi qu'une division entre l'Annabelle privée et l'Annabelle publique. J'étais une femme déchirée psychiquement, avec un esprit divisé en deux. L'inconnu avait sans doute perçu la putain cachée au fond de moi. Parfois, au contraire, les gens me prenaient pour une vierge, ne voyant en moi que pureté, candeur et innocence. Finalement, j'étais la femme idéale pour les hommes aux prises avec le syndrome de la vierge et de la putain.

J'ai effectué ce travail pendant trois semaines. Selon un ami, j'étais la femme la plus chaste qu'il ait jamais rencontrée. En effet, je n'avais jamais eu d'aventures d'un soir et très peu d'amoureux au cours de ma vie. Alors, qu'on ne me traite pas de dévergondée pour ce que j'ai fait ! Je suis revenue à Trois-Rivières, ma ville natale, quelques jours seulement avant la reprise des cours. Ce fut durant cette session universitaire que j'eus mon premier amoureux. Il s'appelait Kevin, un grand jeune homme. Au début, il n'était qu'un ami, et je ne souhaitais pas aller plus loin. Lui, en revanche, insistait pour que je devienne son amie de cœur. Il réussit à me manipuler en me posant un ultimatum : soit je devenais son amoureuse, soit il cessait de me voir. Je fus la reine des imbéciles en acceptant finalement ce chantage, probablement parce que j'avais perdu une partie de mon innocence à Québec, ayant touché à des expériences tordues, impudiques et assoiffées de jouissances lubriques. Il est possible qu'inconsciemment, j'aie fait ce choix pour me punir d'avoir perdu une part de moi-même quelque part entre mon appartement provisoire et le salon de massage.

Dans les premiers temps de notre relation, Kevin se comportait déjà comme un vrai salopard. À moins que ce ne fût moi qui le provoquais inconsciemment ? Je lui montrai un DVD en lui disant qu'il contenait des écrits sur tout ce que j'avais vécu à Québec. Il était en face de moi et s'en empara aussitôt, empressé de me l'arracher des mains avant de courir vers son appartement pour le lire. C'était l'hiver, avec une grande quantité de neige et un froid mordant. J'étais hors de moi et me lançai même à sa poursuite, pieds nus dans la neige. Je le poursuivis jusqu'à sa porte, qu'il me ferma aussitôt au nez après m'avoir repoussée. Comme une chienne affamée, j'attendais avec de grands yeux emplis d'espoir que mon maître me rouvre la porte. Finalement, il ne fut pas traumatisé par les secrets que j'avais partagés. Mais pour moi, son comportement représentait l'équivalent d'un viol de mon intimité.

J'eus ma première véritable expérience de drogue avec lui. Il me fit fumer du haschich, et cela se révéla cauchemardesque. Mon cerveau hypersensible réagit si fortement à cette substance que je me mis à délirer complètement pendant six heures. Cette expérience correspond à ce que l'on appelle en psychologie une crise de dépersonnalisation. Certains souffrent de ce trouble de manière chronique, sans qu'il soit nécessairement déclenché par une drogue. Ce trouble se caractérise par un sentiment de perte du sens de la réalité ; notre perception devient vague, floue, et dépourvue de signification. On a l'impression d'être dans un rêve. À l'époque, je ne connaissais pas encore ce trouble, et l'anxiété monta rapidement à son paroxysme, exacerbant les sensations délirantes. Je me retrouvais sans cesse devant le miroir de la salle de bain. L'effet était si étrange, comme si je ne me reconnaissais pas, que je me sentais devenue une femme quelconque.

Ma mémoire à court terme était également altérée : je demandais sans cesse à mon amoureux ce que je venais de faire, cherchant à confirmer la réalité de mes gestes que je soupçonnais d'être irréels. Pour me distraire et me provoquer, il mit alors une vidéo pornographique. En la regardant, je ne comprenais plus rien à l'absurdité de faire l'amour de manière machinale. L'acte était devenu complètement surréaliste, ce qui amplifiait encore plus mon sentiment d'irréalité. Il arrêta finalement la vidéo. Plus tard, en regardant devant sa porte d'entrée, je crus apercevoir le chat persan de mon amoureux mort. Je regardai de plus près, toujours dans ce sentiment de rêve ou de mort, pour finalement réaliser que ce n'était qu'un foulard blanc.

Je mis fin à ma relation avec cet éternel adolescent après un an. Cependant, nous avons continué à rester amis, car nous avions encore des points en commun. Je savais que cette séparation était très difficile pour lui, car, lorsque je lui rendais visite, je remarquais souvent des bouts de papier hygiénique éparpillés dans tous les recoins de son appartement. Peut-être les laissait-il traîner exprès pour me faire comprendre, de manière implicite, sa douleur. Parfois, il volait des gros rouleaux de papier hygiénique dans les salles de toilettes de l'université pour m'aider à me réapprovisionner, sachant que j'étais bénéficiaire des prêts et bourses et que je peinais à subvenir à mes besoins.

VIII

Mes aventures chez le dentiste

L'anxiété que je ressentais dans la société était une véritable machine à broyer les nerfs. Rien n'était plus épuisant que le simple fait d'aller chez le dentiste. Un jour, alors que j'attendais dans la salle d'attente, j'étais dans un état de grande appréhension, car, pour quelqu'un avec le syndrome de Gilles de la Tourette, être coincée sur une chaise de dentiste, figée comme une statue, est une forme de torture digne des plus grands tortionnaires.

Mon anxiété atteignait des sommets, surtout que ma fierté obstinée refusait d'accepter le moindre mouvement incontrôlé, de peur d'avoir l'air totalement bizarre. La perspective de devoir rester immobile alors que mon corps semblait avoir une vie propre était tout simplement insupportable.

Je leur cachais la vérité, m'acharnant à préserver l'illusion de la normalité pour éviter de révéler mon syndrome. Cette pression constante de devoir paraître parfaitement normale n'a fait qu'accentuer mon anxiété. Le poids de cette façade était une épreuve en soi. Le contrôle était crucial pour éviter une catastrophe. Une série de grimaces incontrôlées de ma part aurait pu déclencher un mouvement maladroit de la dentiste, avec pour conséquence potentielle une perforation d'œil par un instrument dentaire pointu. Au moment où l'hygiéniste est venue me chercher, j'ai soudainement ressenti une douleur aiguë à la poitrine, que je lui ai signalée. Plus tard, allongée sur la chaise longue pendant que mes dents étaient malmenées, l'hygiéniste m'a demandé si la douleur était partie. Avant même que je puisse répondre, la dentiste, à ses côtés, a déclaré d'une voix ferme et légèrement condescendante : « Oh, vraiment ? Tu vas peut-être avoir une crise cardiaque, ça doit faire vraiment mal ! » L'hygiéniste et moi avons échangé un regard de stupéfaction et de malaise, abasourdies par le manque total d'empathie d'une professionnelle de la santé envers sa patiente.

Je me suis alors remémoré mon premier rendez-vous dans cette clinique. J'étais censée être examinée par une femme dentiste, mais à ma grande surprise, c'était un jeune homme qui la remplaçait. Il était hors de question que je sois traitée par un homme, non pas par misandrie, mais par pure coquetterie. Me faire examiner et manipuler dans cet orifice avec des instruments métalliques dignes de films d'horreur me plongeait dans une vulnérabilité absolue. Fière comme je l'étais, l'idée d'être la patiente d'un homme me paraissait particulièrement humiliant. Mais j'avais bien dû me plier à la situation. Dès mon arrivée dans la salle des tortures, j'ai remarqué que son regard s'attardait avec une admiration presque érotique sur mon postérieur. Malgré toutes mes insécurités, ce regard lubrique était une caresse inattendue pour mon ego, me fournissant le courage nécessaire pour affronter ma propre laideur par la suite.

Malgré le grand inconfort que provoquaient ces instruments de supplice, à mon grand étonnement, j'éprouvai un plaisir langoureux de quelques secondes d'une intensité extrême. Maxim, le dentiste, effleura ma lèvre inférieure charnue avec une douceur inattendue, juste avant de commencer son travail à l'intérieur de ma bouche. Ce contact fugace me fit saliver abondamment. Mon cerveau, en réponse, sécréta une grande quantité d'endorphines qui pénétrèrent chacun de mes neurones, m'offrant une extase inattendue.

Étant dans un état de vulnérabilité, j'étais naturellement plus réceptive à ce toucher sur ma lèvre et plus ouverte à accueillir les émotions. Dans ce contexte, le sens du toucher se connectait directement à mon intériorité. Je fantasmais littéralement sur ce dentiste, allant jusqu'à dépenser tout mon argent pour réparer mes dents. En toute honnêteté, quand je l'observais objectivement, il n'y avait pas vraiment de raison de fantasmer sur cet homme ; nous semblions n'avoir aucun point en commun. Ce lien entre fierté, orgueil et fermeture à l'autre, par opposition à l'humilité et l'ouverture à l'autre, me déconcertait. J'avais l'impression que plus une personne est fière et orgueilleuse, moins elle est disposée à laisser les autres entrer dans sa vie, autant au sens propre qu'au figuré. Comme si l'ego prenait trop de place et que le plaisir que l'on éprouve dans la vie était directement lié à cet ego, plutôt qu'à une véritable connexion avec l'autre. J'ai souvent remarqué que les personnes les plus imbus d'elles-mêmes sont souvent les moins satisfaites en amour.

Lors d'un rendez-vous chez ce dentiste, j'ai pris mon courage à deux mains et je lui ai lancé, avec une dose de coquetterie et d'innocence : « Si tu n'avais pas de petite amie, est-ce que tu voudrais me connaître plus intimement ? » Ma question a eu l'effet d'un électrochoc, comme s'il s'était réveillé nu au milieu d'une foule. Son visage est devenu d'une couleur cerise si intense que le rouge écarlate en devenait pâle en comparaison. À ce moment précis, l'hygiéniste entra en scène, arborant un regard qui trahissait son amour non réciproque pour lui. Elle semblait presque réjouie à l'idée de commencer le rituel de torture buccale sur mon pauvre minois, peut-être même avec un brin de sadisme. Peut-être espérait-elle que m'enlaidir réduirait mes chances de lui voler son amour impossible ? Maxim, encore sous le choc de ma question osée, semblait si perturbé qu'il en oubliait le nom de ses instruments.

L'hygiéniste, quant à elle, ignorait tout de l'incident ; sinon, elle aurait probablement trouvé le moyen de me faire payer cher mon audace. Mon expérience m'avait appris que les dynamiques féminines pouvaient être aussi imprévisibles que cruelles. Je me remémorais cette scène avec Maxim, son hygiéniste et moi, où la dentiste avait fait preuve d'une méchanceté gratuite, probablement parce qu'elle me voyait comme une menace. Elle était en pleine romance naissante, et ma présence lui rappelait qu'un homme, même en couple, pouvait être attiré par une autre femme. C'était désolant de voir comment l'insécurité pouvait transformer des gens en véritables monstres, souvent au détriment de leur professionnalisme.

Sans en être consciente, j'étais dans un état de vulnérabilité avec elle, mais pour des raisons bien différentes de ma coquetterie et de ma fierté habituelles.

En effet, elle détenait un pouvoir considérable pour me nuire, sans que je puisse en prendre conscience. Lors de ce rendez-vous, elle m'avait réparé une molaire. Environ deux ans plus tard, je développai une infection majeure avec un abcès énorme juste au-dessus de cette dent. Ma nouvelle dentiste confirma que l'infection provenait de cette dent, probablement mal réparée à l'époque. Elle dut l'extraire. Une partie de ma coquetterie s'envola avec cette partie de moi, celle qui contribuait à mon sourire. Voilà pourquoi je me méfie des femmes. Peut-être que cet incident était dû au hasard ? Je ne le saurai jamais. Ce qui est le plus agaçant dans la méchanceté insidieuse, c'est sa difficulté à être prouvée. La plupart du temps, nous ne pouvons que spéculer. Avec cette dentiste, nous étions devenues des menaces l'une pour l'autre : elle avait le pouvoir de nuire à ma santé, tandis que j'avais, sans même le vouloir, la capacité de l'insécuriser sur le plan amoureux.

Mes rendez-vous chez la dentiste étaient toujours une aventure marquante, souvent ponctuée d'événements inattendus, qu'ils soient agréables, cauchemardesques, ou un mélange des deux. Avec cette nouvelle dentiste, je me sentais cette fois entre de bonnes mains. Elle n'avait aucune raison de se sentir menacée par moi. Cependant, si elle avait pu percevoir la panique intérieure qui m'envahissait lorsque j'étais figée sur la chaise, peut-être n'aurait-elle pas compris les raisons de ma peur. Elle aurait pu l'attribuer à ce que, moi, je voyais en elle, en se disant que je projetais sur elle des hontes et des méchancetés qu'elle cachait peut-être, comme tout le monde.

L'ignorance exacerbe toujours notre imagination, et par conséquent, notre anxiété. Alors que j'étais figée sur la chaise du dentiste, subissant autant l'assaut de ses instruments que celui de mon propre psychisme, une guerre intérieure se déroulait entre le Gilles de la Tourette et mon besoin de contrôle absolu. Soudain, un fou rire intérieur m'envahit, déclenché de manière surprenante par le contact de l'attache de la bavette. Quelques jours plus tôt, alors que je m'étendais sur mon lit en rêvassant, un fou rire inexplicable m'avait prise, coïncidant étrangement avec le moment où je me touchais à la gorge.

Ma réaction chez le dentiste pouvait sembler être un phénomène d'ancrage, un concept de la programmation neurolinguistique où un état émotionnel positif, comme la force intérieure ou le courage, est associé à un geste spécifique, tel que masser sa nuque. Ainsi, chaque fois que ce geste est répété, il devrait, en théorie, recréer l'état émotionnel positif précédemment associé. Ce fou rire sur la chaise du dentiste fut un moment profondément angoissant; je devais faire un effort considérable pour le réprimer au maximum afin de ne pas interférer avec le travail minutieux de l'hygiéniste.

Cette irrésistible envie de rire me montrait à quel point mon syndrome pouvait provoquer des pulsions incontrôlables, ou peut-être était-ce simplement le signe d'une anxiété intense. Dans mon imagination débordante, je me suis demandé si cette pulsion incontrôlable de rire aurait pu se transformer en une pulsion dévastatrice, mettant ainsi en danger les personnes autour de moi.

Lorsque je sortis de chez la dentiste, un homme passa près de moi et me regarda d'un air empreint de mépris, de haine et d'amertume, sans aucune raison apparente. C'était comme s'il me poignardait du regard. Il est vrai que j'avais la bouche un peu déformée, mais je n'avais pas l'air d'un monstre pour autant. Ces émotions négatives qu'il ressentait déclenchèrent en moi des fantasmes violents. Je le regardai partir et en apercevant la plaque d'immatriculation de sa voiture, je m'imaginai être une femme de pouvoir, chef de la mafia. J'aurais voulu lui donner toute une leçon, appelant l'un de mes mafiosi pour qu'il séquestre cet homme dans le but de lui faire la morale à propos des femmes.

Bien que je n'eusse aucun penchant moralisateur, je ressentis néanmoins le désir ardent que cet inconnu comprenne certains concepts. Il devrait éviter de transposer sur toutes les femmes ce qu'il a vécu avec une en particulier, une expérience qui l'a profondément marqué. En agissant ainsi, il réduisait ses chances de les séduire. En diabolisant les femmes, il renforçait cette perception négative à leur égard, ce qui diminuait leur intérêt pour lui. Le sentiment de rejet qu'il pourrait ressentir ne justifiait en aucun cas de diaboliser davantage les femmes.

Si cet homme avait persisté dans sa mauvaise foi envers mon psychomafioso et avait continué à prendre plaisir à détester les femmes, il aurait dû en assumer les conséquences. Mon compagnon l'aurait maintenu enfermé et lui aurait menacé de lui casser une jambe. S'il persistait à refuser de reconnaître l'importance de l'harmonie entre hommes et femmes, mon homme de main lui aurait cassé un bras. Et ainsi de suite… Cela montre bien que même une simple visite chez le dentiste peut être une expérience traumatisante.

IV

Ma psychologue

Je décidai de rencontrer la responsable du service de psychologie de l'université pour qu'elle me guide vers une thérapie cognitivo-comportementale. Cette responsable, psychologue spécialisée en thérapie psychanalytique, m'appela le soir même à mon domicile. Elle m'informa que, malgré ma demande pour une thérapie cognitivo-comportementale, elle souhaitait néanmoins me proposer ses services en tant que psychologue psychanalytique.

J'aurais dû me méfier. J'étais déjà probablement une petite rate de laboratoire à ses yeux. Les rats, on les utilise pour satisfaire des envies égoïstes de compréhension théorique dans un domaine de recherche en tout genre. Mais, sans empathie ni aide réelle. Je me doutais que cette thérapie ne serait d'aucune utilité pour mes souffrances, car une approche basée sur les théories de Freud me semblait à la fois désuète et inadaptée pour traiter ma phobie sociale spécifique. Mon ego, flatté par l'offre d'une psychologue de renom, me rendit aveugle au point d'oublier ma demande initiale.

Le rapport que j'entretenais avec cette dame était ambigu. D'un côté, je l'estimais beaucoup, mais de l'autre, une méfiance persistante m'empêchait de faire pleinement confiance à son jugement. Néanmoins, j'appréciais particulièrement lui raconter les rêves surréalistes de mes nuits précédentes, dont j'étais particulièrement fière. Pour une psychologue d'orientation psychanalytique, c'était sans doute une jouissance à l'état pur d'entendre tous ces récits empreints de surréalisme.

En vérité, j'éprouvais une certaine envie à l'égard de mon inconscient, car il semblait beaucoup plus intelligent que moi. Chaque fois que je mentionnais à ma psychologue que j'avais un rêve à lui raconter, son enthousiasme était palpable. Elle semblait véritablement enchantée, comme si le moindre détail de mes rêves était un délice pour elle Elle prenait rapidement son carnet de notes et son stylo, me regardant avec ses grands yeux bleus, comme une petite chienne attendant sa friandise. Il ne lui manquait qu'une queue en l'air pour exprimer sa joie. D'ailleurs, les fois où je lui ai parlé de ce que j'avais fait à Québec, les massages érotiques et tout, il me semblait évident qu'elle éprouvait une répulsion à l'égard des queues en tout genre.

Je me souviens d'un rêve que je lui avais raconté : j'étais dans une forêt, où j'avais aperçu au loin un énorme dinosaure qui se mit à me poursuivre. Finalement, il m'attrapa avec sa langue gluante et me déposa au pied d'un arbre, tandis que je restais tétanisée, incapable de bouger. La seule chose dont je me rappelais par la suite était que le dinosaure avait éjaculé sur moi une tonne de sperme dont l'odeur m'avait réveillée. Ma psychologue d'orientation psychanalytique semblait ravie des symboles lubriques que ce rêve lui offrait. Sans le savoir, elle encourageait le gonflement de mon ego par la grande joie que je ressentais en constatant que mes histoires oniriques, créées par mon inconscient, semblaient l'impressionner.

Car l'une de mes plus grandes névroses était l'obsession de faire plaisir aux autres, ce qui valorisait mon sentiment de valeur personnelle. Cependant, cette obsession prenait une telle place dans ma vie que je perdais toute capacité à recevoir.

Durant la séance suivante, elle me proposa d'utiliser une caméra pour me filmer lors des prochaines sessions, afin de l'aider, ainsi que certains de ses collègues, à poser un diagnostic sur l'étrange petite rate que je représentais à leurs yeux. Elle tentait avec insistance de me convaincre d'accepter, arguant que cela constituerait un défi stimulant qui pourrait m'aider à surmonter ma phobie sociale spécifique. Ses arguments me convainquirent, et j'acceptai finalement. Naturellement, l'idée de cette caméra impudique me rendait très anxieuse, mais j'ai réussi à confronter cette insécurité.

Si j'avais su qu'un jour des millions de petites vidéos circuleraient sur les réseaux sociaux, avec pour but d'amuser un public assoiffé de ridicule et de moqueries, je n'aurais jamais accepté d'être filmée pendant les séances. Imaginez qu'un professeur expose une de mes vidéos lors d'un cours de psychologie, et qu'un étudiant la publie sur Internet ; ma vie en serait dévastée. Un tel attentat à ma pudeur équivaudrait à être violée par des millions de personnes. La souffrance psychologique serait si intense que je me verrais contrainte de changer complètement d'identité pour échapper à la honte écrasante, afin de me dissoudre dans l'anonymat et oublier cette douleur.

Ces vidéos étaient complètement inutiles, car même si elles avaient été analysées par toutes les sommités en sciences humaines de l'université, il aurait été impossible de deviner que ma phobie sociale spécifique n'en était pas réellement une, mais qu'elle était la conséquence d'un trouble neurologique, comme je le sais à présent. D'où l'importance d'être complètement transparent auprès d'un thérapeute. En dépit de ses grandes études et de son expérience, il ne pourrait en aucun cas faire des liens avec des données qu'il ignore. Très souvent, les gens sont déçus par les thérapies qu'ils entreprennent, car ils ont de grandes attentes envers leur thérapeute ou autre professionnel. Je considère maintenant que c'est en partie notre propre faute lorsqu'il n'y a aucun progrès, parce que la stagnation est souvent due à l'autocensure naturelle que nous avons tous, même si nous ne devrions pas la faire. Je crois aussi que parfois, l'échec est attribuable au professionnel. Parce qu'étant expert dans un unique domaine, il analyserait la problématique sous un seul angle, contrairement à une équipe multidisciplinaire qui aurait été plus efficace.

Tout être humain est fondamentalement égocentrique. Ce n'est ni bon ni mauvais en soi ; cela dépend de la manière dont notre ego influence notre perception des autres. Lorsque l'ego occupe une place trop importante, il peut nuire, en particulier dans le cadre de la relation d'aide, car il favorise la projection de nos propres expériences et sentiments sur les autres. La véritable compréhension empathique exige de mettre notre ego de côté, ce qui permet d'entrer dans le monde de l'autre sans le déformer selon nos propres biais. Cependant, cette compréhension reste partielle ; elle peut saisir seulement une fraction de la réalité objective du patient. La complexité de la vie humaine, vécue de manière unique par chaque individu, rend impossible une compréhension totale de l'autre dans toute sa profondeur.

Lorsque nous disons à quelqu'un "je te comprends", c'est souvent une tentative sincère d'exprimer notre sympathie et notre compassion. Mais cette phrase peut être trompeuse, car la souffrance est souvent intangible et difficile à cerner. La souffrance est comme une nuée d'insectes invisibles, errant dans les recoins les plus secrets de notre esprit, libérant leurs toxines dans un parcours aléatoire au sein de milliards de neurones. Chaque cerveau, unique dans son architecture, réagit différemment à cette invasion mystérieuse. Trouver ces créatures insaisissables est un défi presque impossible. Parfois, nous croyons les avoir capturées, mais lorsque nous tentons de les éliminer avec des médicaments ou des drogues, nous découvrons qu'elles se multiplient et envahissent de nouvelles zones de notre esprit.

Durant l'enfance, ces créatures restent en sommeil, silencieuses et observatrices, attendant patiemment le moment où l'innocence de l'enfant sera brisée. Les abus sur les jeunes enfants sont d'une cruauté inouïe car ils perturbent la pureté essentielle qui maintient ces insectes invisibles en veille. Lorsque l'innocence est compromise, les parasites se réveillent, agités et voraces, répandant leurs toxines dans les réseaux neuronaux. Ce déferlement de venin intérieur entraîne inévitablement l'émergence de troubles physiques, psychologiques ou psychiatriques à l'âge adulte.

V

Mes amours de professeurs

À l'université, où l'on pourrait croire que le risque d'abus de la part des professeurs est minime, la dynamique de pouvoir peut néanmoins s'avérer perverse et insidieuse. Même dans un environnement académique où l'on s'attend à un comportement professionnel irréprochable, des relations abusives peuvent se manifester de manière subtile.

Pour ma part, j'éprouvais une admiration profonde mêlée de sentiments affectifs envers l'un de mes professeurs. C'était un éminent docteur en anatomie, décoré de plusieurs prix prestigieux. Cependant, je ne connaissais pas la véritable nature de cet enseignant lorsque je suivais son cours. Enfermé dans ma propre perception, je n'avais entrepris aucune recherche sur lui. Sa simple présence, en tant que professeur charismatique, éveillait en moi un vif intérêt. C'est ainsi que j'ai commencé à lui écrire des courriels, sous divers prétextes, naturellement.

Nous avons donc entamé une correspondance par courriel, et un jour, il me proposa un petit jeu : lors de son prochain cours, je devais porter un signe distinctif pour signaler ma réponse affirmative à sa proposition d'une rencontre intime après les cours. Nous avions décidé que je porterais une casquette noire et lui, un nœud papillon rose. Lorsque le jour du cours arriva, j'étais effectivement parée de ma casquette noire, tandis que lui arborait son nœud papillon rose. Je trouvais cette complicité entre nous fort séduisante. Après le cours, je me suis installée à une table près de son bureau, lançant des regards furtifs dans sa direction. Quand je l'aperçus au loin, je m'approchai de lui, sans savoir exactement ce que j'attendais de lui. À ma grande surprise, il se précipita vers moi, tentant de m'embrasser dans le couloir où d'autres étudiants pouvaient passer et où des caméras de surveillance étaient en place. Lui qui était habituellement si sérieux, son comportement m'a laissée totalement stupéfaite.

En tant que jeune femme troublée et anxieuse, j'ai repoussé ses avances en lui faisant remarquer que des gens pouvaient nous voir. Nous avons alors décidé d'entrer dans son bureau. J'étais encore sous le stress de mon examen final et me sentais extrêmement fatiguée. De son côté, il semblait particulièrement excité à l'idée d'explorer des comportements sexuels très osés, et avec un docteur en anatomie, cela ouvrait la porte à des possibilités inattendues…

Il se plaça derrière mon épaule et me chuchota à l'oreille ces choses qu'il désirait faire avec moi. Plus je percevais avec ma conscience ce manège lubrique dans lequel ces mots érotiques tourbillonnaient, et plus mes valeurs avaient la nausée. Un conflit intérieur émergeait : d'une part, un désir de connexion, et d'autre part, une volonté de tout arrêter. Sa précipitation à vouloir passer à l'acte me révélait que, finalement, il ne s'intéressait qu'à mon corps, et non à ma personne. Cette réalisation me blessait profondément, me rendant incapable de m'ouvrir à lui, tant sur le plan physique que psychologique.

Parce qu'après tout, j'étais encore une petite fille au niveau émotionnel. Ce dont j'avais le plus besoin était la reconnaissance et l'appréciation de la personne que j'étais vraiment, afin de pouvoir laisser place à l'excitation sexuelle que je ressentais malgré tout. De plus, avec mon syndrome et les troubles psychologiques associés, j'avais un besoin plus grand de profondeur relationnelle pour me rassurer. Quant à lui, peu lui importait comment je me sentais. Il prit l'initiative de détacher son pantalon et d'exhiber son organe, ignorant totalement mes émotions.

Contrairement à ma psychologue avec son petit air de chien tout content lorsque je lui racontais un rêve surréaliste, lui, il avait un air de chien battu qui ne demandait qu'à se faire caresser la queue. Effectivement, il se plaignait de la tension sexuelle accumulée qu'il souhaitait faire éclater. Il désirait pratiquer la sodomie sur mon petit corps. Mais moi, en voyant la très petite taille de son organe, j'avais encore moins de désir pour lui. D'autant plus que ma dualité femme-enfant prenait de plus en plus de place au regard de l'ineptie de la scène dans laquelle je m'étais engouffrée. Je ne savais plus ce que je voulais réellement. De la reconnaissance typiquement paternelle ou du sexe à l'état brut ? Alors, je lui proposai un compromis, car je me sentais coupable de le laisser subir cette tension que j'avais provoquée en lui. Étant donné que j'avais une phobie des maladies transmises sexuellement, il était hors de question que je dépose mes lèvres sur son organe. Je lui ai donc suggéré de le masturber, en échange de la correction de mon examen tout de suite après sa décharge. Puisque j'étais très impatiente, c'était pour moi une grande récompense non préméditée que de pouvoir recevoir ma note la soirée même.

Finalement, je crois que la personne la plus satisfaite de nous deux était moi, malgré le fait qu'il ait abusé de sa position d'autorité et profité de mes vulnérabilités ainsi que de mon immaturité affective. En fin de compte, il a été victime de son propre pouvoir, car sa jouissance devait être teintée d'amertume et de déception. Il s'était imaginé pouvoir me séduire outrageusement et me manipuler à sa guise. Je réalisais que même lorsqu'on est jeune et fragile, on peut avoir un certain pouvoir. Cependant, ce n'était absolument pas mon intention.

Quelques semaines après cette mésaventure, je suis allée à une bi-blio-vente, un endroit où l'on trouve des milliers de livres usagés à prix modiques. En explorant les piles chaotiques à la recherche d'un trésor littéraire, je fus surprise de voir le professeur au nœud papillon rose accompagné de sa jeune conjointe. Peu après, il se trouva juste en face de moi, au milieu de ce tas de livres, entouré de plusieurs personnes. Spontanément, je lançai à voix haute : 'J'aurais reconnu ton odeur n'importe où.' Cette remarque de ma part m'a étonnée. Le professeur, manifestement gêné, se détourna rapidement et s'éloigna de moi. Je n'éprouvais aucun sentiment négatif envers lui ni envers sa conjointe, et je ne voulais certainement aucun mal à l'un ou à l'autre. Cependant, je ressentis une certaine déception en constatant qu'il avait une conjointe jeune et jolie, alors qu'il avait essayé de me séduire malgré tout. Son comportement, loin d'être empreint d'amour véritable, renforçait ma conviction qu'il valait mieux ne pas ouvrir totalement mon cœur à un homme. Je pensais qu'ils étaient trop dangereux avec leurs grandes pulsions sexuelles.

Le comportement du professeur n'était pas intrinsèquement mauvais ; toutefois, pour protéger mon amour-propre et mon désir d'un amour véritable, je le considérais comme fautif. Cette phrase apparemment anodine, 'J'aurais reconnu ton odeur n'importe où,' pouvait être une expression inconsciente de ma volonté de confronter le professeur à son infidélité potentielle, et de le mettre face à ses actes. Symboliquement, son infidélité avait également ébranlé mes espoirs de vivre un amour romantique pur, un amour dans lequel je pourrais m'abandonner complètement.

Je recherchais chez ces hommes une figure paternelle, du réconfort et de l'affection, tandis qu'eux ne cherchaient qu'un plaisir lubrique, une petite douceur, une fraîcheur sensuelle. J'aurais préféré être une femme de petite vertu, multipliant les liaisons avec ses professeurs par vanité ou pour obtenir de bonnes notes. Au trimestre suivant, toujours insatisfaite dans ma quête d'une figure paternelle affectueuse, je m'amourachai de mon professeur italien, qui enseignait le cours d'Introduction aux Neurosciences.

J'avais même eu droit à une magnifique parade nuptiale, semblable à celle d'un paon déployant ses plumes en éventail. Ses plumes étaient parées d'innombrables nuances de couleurs étincelantes. Il maîtrisait parfaitement l'art du calcul stratégique en matière de séduction. C'était un Italien doté d'une gestuelle passionnée et d'une grande sensualité. Quant à moi, bien que j'éprouvais une grande passion intérieure, ce que je montrais en réalité était seulement sagesse et timidité.

Un jour, après la fin du cours, alors que tous les étudiants se préparaient à sortir de la classe, le professeur aux grandes plumes colorées me désigna du doigt avec une grande vigueur. Ce geste suscita en moi de nombreuses interrogations. Cependant, je partis immédiatement, trop timide pour aller lui parler.

Par la suite, je lui écrivis un courriel pour essayer de me rapprocher de lui en douceur. Je voulais comprendre la raison du geste de son doigt pointé dans ma direction qu'il avait fait précédemment. La correspondance par courriel s'était révélée être une technique d'approche efficace pour moi. Avec le temps, j'osai me rendre à son bureau, et nous avons appris à nous connaître plus intimement. Son intensité me permettait de sortir de ma prison intérieure, en me donnant le droit d'être moi-même, même dans mes excès. Nous avons commencé à nous fréquenter régulièrement.

En général, je visitais sa maison, qui valait plusieurs millions de dollars, ce qui semblait surprenant pour un professeur d'université. Jouait-il à la bourse ? Avait-il hérité de sa famille sicilienne, grande et influente ? Parfois, il venait dans mon petit studio d'étudiante, ce qui lui donnait l'impression de rajeunir de trente ans. Bien que son charme typiquement italien m'éblouissait, je remarquais qu'il adoptait un comportement différent en classe lorsqu'il s'adressait à une étudiante plus âgée que la moyenne. Cela me semblait étrange. Avait-il peur des regards acérés des femmes expérimentées, capables de le voir tel qu'il était réellement : extrêmement égocentrique, immature, égoïste, et potentiellement criminel ?

Ma psychologue parut troublée lorsque je lui mentionnai que je fréquentais cet homme et que je l'aimais beaucoup. Elle le connaissait, cela ne faisait aucun doute, parce que dans son regard j'entrevoyais ce sentiment d'impuissance qu'une maman ressent devant une menace faite à son enfant. Bien qu'elle ne m'ait jamais perçue telle que j'étais réellement, elle ressentait néanmoins un instinct de protection à mon égard. Sa profession l'obligeait à respecter le secret du corps professoral. Par conséquent, elle fut contrainte de ne rien me dire sur ce professeur. Pensait-elle qu'il était malsain ?

J'étais tellement intoxiquée par la phényléthylamine, la molécule de l'amour que notre cerveau sécrète en abondance lorsque nous sommes amoureux, que même si la psychologue m'avait révélé avoir des preuves que cet homme avait menacé plusieurs de ses anciennes maîtresses et qu'il avait été impliqué dans un meurtre, j'aurais continué à l'aimer. Cette substance, qu'elle soit produite naturellement par notre cerveau ou fabriquée synthétiquement, peut corrompre nos valeurs et notre personnalité. C'est pourquoi il est crucial de se méfier de l'amour autant que de la drogue.

Étant donné ma tendance inconsciente à provoquer les hommes, le fait que je fréquente un individu instable inquiétait encore plus la psychologue. J'appris par la suite qu'il avait battu son ancienne conjointe. Pendant la période où nous nous fréquentions, j'ignorais l'ampleur de sa folie. Toutefois, il me disait souvent qu'il serait incapable de me faire du mal physiquement, ce qui me semblait étrange. Il m'avoua avoir une conjointe avec laquelle il vivait pendant six mois au Québec, avant qu'elle ne retourne en Suède pour les six autres mois de l'année. Quand je me rendais chez lui, c'était toujours durant les six mois où sa conjointe était absente. Je n'aimais pas me sentir comme une maîtresse ; cette situation était contraire à ma personnalité authentique et transparente. Mes sentiments étaient si envahissants qu'ils dépassaient mon sens moral et mon désir d'authenticité.

Lors de notre premier dîner chez lui, nous nous connaissions encore très peu. Cependant, cette soirée m'offrit quelques indices sur sa personnalité criminelle que j'aurais dû prendre en considération avant qu'il ne soit trop tard. Il parlait de sa conjointe et de son jeune âge, ce qui semblait à la fois le fasciner et l'inquiéter. Il exprimait sa peur que, un jour, elle décide de le faire tuer pour pouvoir se remettre avec un homme plus jeune. Comme on dit, celui qui a le plus peur de se faire voler est souvent lui-même un voleur. Il craignait donc la mort parce qu'il serait capable de la provoquer lui-même. Sur le moment, j'étais surprise, mais je n'insistai pas. Plus tard, il évoqua ses nombreux contacts dans le milieu criminel et affirmait pouvoir obtenir tout ce qu'il désirait d'eux. Un jour, alors qu'il parlait très négativement de son ancienne conjointe, je lui demandai s'il aurait voulu la faire tuer s'il n'y avait pas eu les deux enfants qu'ils avaient ensemble. Il me répondit par un sourire narquois très évocateur.

Je trouvais autrefois très excitant d'imaginer qu'il pouvait réellement avoir des tendances criminelles. Aujourd'hui, je me dégoûte d'avoir eu cette pensée et je suis profondément déçue par cette tendance, répandue chez certaines femmes, à s'amouracher d'hommes ayant de tels penchants. Une telle attirance ne peut que conduire à l'autodestruction.

Cependant, ce professeur savait habilement exploiter mes besoins émotionnels en jouant sur mon désir de trouver une figure paternelle qui soit à la fois rassurante et autoritaire. Quant à lui, il ne visait qu'à satisfaire ses besoins sexuels, en me manipulant pour y parvenir. En fin de compte, je lui en suis reconnaissante, car dans le contexte de mes carences affectives, le désir avait du mal à émerger. J'avais besoin d'un manipulateur très habile pour démêler les fils de mon esprit et retrouver ce désir enfoui au fond de mon âme de femme-enfant.

Cet état de concupiscence était extrême, mais il était aussi teinté de craintes, de tristesse et de blessures, car il m'avouait ouvertement qu'il fréquentait parfois d'autres femmes. Ces aveux me blessaient, mais ma peine était adoucie lorsqu'il me disait que j'étais sa préférée, la plus désirable. Il semblait très attaché à moi et me témoignait beaucoup d'affection. En vérité, il m'aimait uniquement parce que je lui offrais une satisfaction sexuelle facile, tout en lui assurant qu'il n'aurait jamais de problèmes avec moi, étant donné ma totale innocence. Ma délicatesse et mes fragilités devaient renforcer son sentiment de virilité et de puissance.

Les hommes ont souvent tendance à dissocier l'amour du sexe, c'est-à-dire qu'ils peuvent éprouver le désir sexuel sans nécessairement être amoureux. Avec les autres femmes plus âgées, son désir était surtout de combler leurs besoins à elles, dans le seul but de combler son ego de mâle. Étant un séducteur, c'était important pour lui de savoir qu'il faisait du bien aux femmes. Tandis qu'avec moi, le désir était absolu, un désir pour mon petit corps sensuel à la peau de velours et d'une pureté contrastant avec son esprit diabolique.

Chaque fois que j'allais chez lui, il essayait systématiquement de me faire boire. Étant donné mon manque d'expérience, il considérait que l'alcool pourrait révéler la personne que j'étais réellement, car on dit souvent que l'alcool supprime les inhibitions. Pourtant, tout comme un chat, je ne supportais pas le goût de l'alcool, même lorsqu'il était mélangé à divers jus de fruits ou autres boissons. Ces mixtures provoquaient chez moi d'étranges contorsions faciales, semblables à celles que j'avais lorsque mon syndrome de Tourette se manifestait en solitude.

En tant que personne profondément en proie au doute, j'aurais pu m'attendre à découvrir, sous l'effet de l'alcool, un côté sombre en moi, comme une meurtrière. Cependant, au lieu de cela, je devenais encore plus généreuse et sensuelle. Mon esprit ne pensait qu'à lui faire du bien, et je ne ressentais que douceur, sans aucune agressivité. Il semble que mon inconscient refoulait mon agressivité le plus loin possible, malgré la désinhibition typique induite par l'alcool.

Lorsqu'une personne me rencontre pour la première fois, ce qu'elle remarque de moi souvent, c'est une très grande douceur et une délicatesse désarmante. J'en suis étonnée chaque fois, parce que je sais à quel point j'ai également en moi beaucoup d'agressivité. Cependant, c'est une agressivité pure et candide comme un bébé, du moins, c'est ce qu'un ami psychologue crut percevoir chez moi; une agressivité sans aucune malice ou amertume, qui ne demande qu'à satisfaire une pulsion première. Par contre, même l'agressivité typique des enfants en très bas âge peut être dangereuse. Les psychologues prétendent que les bébés de deux ans sont encore plus violents que les adultes et que s'ils avaient la force de ces derniers, ils seraient extrêmement dangereux. C'est une violence sans inhibition. Ainsi, je serais l'équivalent d'une meurtrière en puissance, mais dans un cœur pur d'enfant. À bien y réfléchir, je préfère être cela plutôt que gentille en apparence, mais avec un cœur rempli d'amertume et de méchanceté.

Un jour, mon professeur italien m'annonça qu'il partait pour quelques mois en Suède. Cette nouvelle fut un immense choc émotionnel pour moi. La jeune fille en moi se sentit profondément abandonnée. Quelques jours plus tard, je me rendis avec une amie dans un magasin de location de films, où nous fûmes servies par un jeune étudiant attrayant, employé temporairement pour l'été, comme je l'appris plus tard. Sa manière de communiquer révéla immédiatement qu'il était une personne ultra-sensible, dotée d'une grande intelligence. Il semblait qu'un lien électrique invisible se soit établi entre lui et moi, tant l'influx nerveux de nos cerveaux semblait se synchroniser avec une intensité remarquable.

Quelques jours avant son départ, le professeur italien vint chez moi. Bien que je l'aimais encore, je lui avouai avoir trouvé très charmant un jeune homme que j'avais rencontré dans un magasin de location de films. En observant mon langage corporel, il remarqua immédiatement que ce jeune homme m'avait touchée sur le plan affectif. Pensant qu'il serait sage de le rassurer, je lui précisai que ce n'était qu'un jeu d'ego. À ce moment-là, je me rendis compte que j'avais probablement atteint un sommet de stupidité. Il ne faut jamais dire ce genre de choses à un esprit aussi égocentrique et potentiellement dangereux ! Après ma remarque, une transformation troublante s'opéra. Le professeur ne parla pas, mais son regard pénétrant, empreint d'une folie mystérieuse, aurait pu terrifier n'importe qui, homme ou femme, aussi courageux fussent-ils. En le regardant, je pensai à ma psychologue et me dis qu'elle avait finalement raison de me mettre en garde contre ma tendance à provoquer les hommes. Étonnamment, je n'étais pas consciente de cette provocation ; je me voyais simplement comme une enfant exprimant spontanément ses émotions et ses expériences. Mon mélange de femme et d'enfant se manifestait par un besoin ouvert de communiquer, couplé à un désir inconscient de provoquer. Peu après, le professeur italien partit, et je restai dans l'ignorance de ce qu'il pensait réellement.

En tant que grande cinéphile, je retournai au magasin où travaillait le jeune homme, tiraillée entre mon amour du cinéma et mon attirance pour lui. À mon grand bonheur, il était là. Des éclairs de désir semblaient transpercer nos corps. Bien que nous ne nous connaissions pas encore, j'avais l'impression que nous étions sur la même longueur d'onde. C'était la première fois que je ressentais du désir sans qu'il soit lié à une relation d'autorité. Avec l'Italien, mon attirance était entièrement liée à son statut de professeur et à son pouvoir sur moi, même si je n'en étais pas pleinement consciente.

Le jeune vendeur me faisait constamment des clins d'œil et me complimentait. Bien que nous n'ayons pas encore eu de véritables conversations approfondies, j'appris qu'il se prénommait Nathan, qu'il était étudiant en communication et artiste dans l'âme. Une semaine plus tard, je retournai au magasin, espérant le revoir. Consciente que certaines personnes peuvent devenir envahissantes, manquant d'empathie et de sensibilité, je redoutais d'être perçue ainsi. Je savais qu'il arrivait parfois qu'une cliente développe des sentiments pour un employé et revienne dans le magasin sous divers prétextes, ce qui pouvait entraîner de l'embarras. Cependant, cela pouvait aussi être le début d'une véritable relation amoureuse. Dans mon cas, les signes d'intérêt qu'il manifestait envers moi n'étaient certainement pas illusoires.

Au fil des semaines, mon attirance pour Nathan grandissait, me plaçant en conflit entre ce que je ressentais pour le professeur italien et ce désir doux et naissant pour ce jeune homme. Lors de ma visite suivante, je suis arrivée avec une pièce de deux dollars, sur laquelle j'avais collé mon adresse e-mail. En passant près de lui, je fis mine de ramasser la pièce par terre et je la lui remis en lui précisant de ne pas regarder de l'autre côté de la pièce avant que je ne sois partie. Trop curieux, il ne put s'empêcher de jeter un coup d'œil. Quelle joie de voir sa réaction enthousiaste face à mon geste ! Il me lança le clin d'œil le plus charmant que j'aie jamais vu. Cependant, cette histoire ne pouvait pas rester aussi agréable et magique bien longtemps, car je fréquentais un Sicilien avec des liens dans la mafia. En effet, après plusieurs mois de fréquentation et divers indices, il était devenu évident qu'il avait des penchants criminels.

Après avoir laissé la pièce de monnaie à Nathan, tout devint mystérieux et incohérent. Lors de ma visite suivante, environ six jours plus tard, Nathan était absent. J'y retournai le lendemain pour rendre un film, et il était encore manquant ! Je me disais qu'il devait probablement être en congé. Cependant, après quelques semaines, il continuait à être absent. Il fallut environ un mois et demi avant que je n'ose demander à un des vendeurs ce qu'il était devenu. Ma question sembla délicate au préposé, qui me répondit de manière hésitante et peu claire. Je posai ensuite la question aux autres employés, mais leurs réponses étaient toutes incohérentes et contradictoires. Je réalisai alors que tous me menteaient. Il y avait manifestement un grand secret lié à Nathan et à moi, que personne ne voulait dévoiler. Cette énigme devenait de plus en plus obsessionnelle, et je voulais absolument comprendre. Ce n'était plus tant Nathan que je désirais revoir, mais plutôt percer le mystère de sa disparition qui me tourmentait.

Après deux mois d'obsession et de confusion concernant la disparition de Nathan, l'Italien revint au Québec. Il insista rapidement pour me revoir, affirmant que je lui avais beaucoup manqué. Étant obnubilée par Nathan, mon esprit était incapable de se libérer pour une nouvelle relation. Néanmoins, j'acceptai de le rencontrer, mais le désir n'était plus présent. Je lui dis donc la vérité, bien que de manière censurée. Il sembla comprendre que je ne pourrais pas être réellement disponible pour lui tant que j'étais préoccupée par quelqu'un d'autre.

Étrangement, quelques jours plus tard, Nathan réapparut à son poste. Bien que nos échanges aient été brefs, je sentis un changement dans son regard et dans sa voix. Déterminée à comprendre ce qui se passait, j'entrepris une démarche particulière. Maintenant que je connaissais son prénom et son nom de famille, je trouvai son adresse e-mail universitaire et lui envoyai un message. Dans ce message, j'évoquais ma relation avec le professeur et exprimais des soupçons concernant des menaces potentielles faites par l'Italien. Ce message était en réalité un stratagème pour découvrir la vérité, car je craignais que l'Italien ait pu faire des menaces. Je me disais que réagir de manière excessive en imaginant l'Italien commettre de tels actes pouvait être une réaction démesurée, influencée par les films qui montrent souvent des situations extrêmes. Pourtant, les films s'inspirent parfois de la réalité, qui peut être encore plus troublante. Mon esprit était en proie à un conflit entre la raison et l'intuition. Bien que je connaisse les troubles psychotiques tels que les troubles paranoïaques, mégalomaniaques, érotomaniaques, et schizophréniques, je ne pensais pas en souffrir, ayant pu m'auto-diagnostiquer. Je me concentrais donc sur les indices objectifs pouvant confirmer mon hypothèse de menaces par l'Italien ou l'un de ses contacts.

Quelques jours plus tard, je retournai au magasin où Nathan travaillait. Cette fois, il n'y avait plus de charmants clins d'œil ; il m'ignorait complètement. Je le saluai à trois reprises, l'une après l'autre, mais il ne me regarda même pas et ne répondit pas. Ce brusque changement de comportement m'exaspéra, surtout parce que mes propres intentions envers lui restaient inchangées et bienveillantes. En réalité, son comportement pourrait avoir été une tentative de protection, mais je ne le compris pas sur le moment.

Ce que je trouvais le plus difficile était l'incapacité de prouver mes intuitions. Face à un homme avec autant de contacts, d'argent et de pouvoir, je me sentais insignifiante, comme une coccinelle facile à écraser. Je savais que mon histoire pouvait sembler extravagante et peu crédible, mais je pense qu'il est crucial de prêter attention à chaque personne et de ne pas rejeter d'emblée leurs confessions, même lorsqu'elles proviennent d'une personne qui peut sembler délirante. Les injustices et les abus de pouvoir peuvent toucher tout le monde !

Le mystère autour de Nathan m'obsédait de manière maladive. Malgré tout, je continuais à le fréquenter, car une part de moi, celle de la petite fille, était encore attachée à lui, même si le désir avait disparu. Je demeurais généreuse à son égard, n'ayant pour lui que de bonnes intentions. Je savais que l'accuser directement ne ferait que le mettre sur la défensive, rendant toute révélation impossible. Espérer qu'un homme de son genre, pour qui seul l'amour-propre et le confort personnel comptaient, dévoile des détails compromettants était aussi utopique que d'espérer la fin des guerres dans le monde. Clairement, mes chances de succès étaient minces.

Mes chances de succès étaient minces. Mon obsession était telle que je pris l'initiative d'appeler un détective privé. Bien que je n'avais pas les moyens financiers, j'étais prête à tout pour résoudre ce mystère qui me rongeait l'âme. Nous avons longuement discuté au téléphone, et je lui exposai brièvement mon histoire. Il parut très intéressé, malgré ma situation financière précaire, et promit de me rappeler quelques jours plus tard. Malheureusement, j'attendis cet appel en vain et n'osai pas le relancer. Je me demandais jusqu'où j'étais prête à aller pour obtenir la vérité. À défaut de découvrir la vérité réelle, il aurait pu inventer des preuves pour exercer un pouvoir sur moi…

Je vivais une quête obsessionnelle pour comprendre ce qui s'était passé avec le jeune homme, et je n'avais aucun antidote pour apaiser cette tension. Je me sentais complètement perdue dans ce labyrinthe tourmenté où seule la noirceur prédominait. J'espérais qu'avec le temps, il partirait de lui-même. Mais parfois, le temps seul ne suffit pas ; il est crucial de se sauver soi-même avant qu'il ne soit trop tard. Heureusement, j'eus le courage de mettre fin à ma relation avec le professeur. Finalement, il accepta ma décision, convaincu qu'il pourrait encore me manipuler et me faire changer d'avis. Parfois, il est avantageux de paraître crédule et peu sûr de soi, car cela laisse aux autres l'espoir rassurant que tout pourrait revenir comme avant, les protégeant ainsi d'une chute brutale dans une mélancolie destructrice.

Comme si l'injustice que je vivais en amour n'était pas suffisante, elle se transforma en mésaventure avec une professeure de la télé-université. J'étais inscrite à un cours par correspondance équivalent à mes cours universitaires. Durant la première semaine, la professeure m'appela pour se présenter et me donner quelques directives. Peut-être en raison de mon passé d'autodidacte, je n'avais jamais demandé d'explications aux professeurs, préférant comprendre les notions théoriques par moi-même, comme j'en avais l'habitude. Il est possible que, de manière inconsciente, je craignais de paraître moins intelligente si je sollicitais de l'aide. Ainsi, lors de cet appel, je fis comprendre, tout en restant polie, que je souhaitais effectuer les travaux sans assistance.

À la fin de la session, je devais réaliser un travail de grande envergure, auquel je consacrai énormément d'efforts, de recherches et d'analyses pour obtenir une bonne note, comme je le faisais avec mes autres cours. Avant d'envoyer mon travail à la professeure, je le fis lire par un autre professeur pour obtenir son approbation et éviter d'avoir à le modifier. Cependant, quelques semaines plus tard, je reçus mon travail par la poste, avec la note inscrite dessus.

En ouvrant la lettre et en découvrant cette note, je faillis mourir de consternation. C'était impossible ! La professeure m'avait donné un C+. Je tenais l'horreur entre mes mains, et la sensation fut aussi désagréable que d'apprendre que j'avais une maladie. Après toutes ces années d'errances psychologiques à me demander qui j'étais — une poupée ou une fille brillante, après avoir exploré mon labyrinthe mental pour comprendre mon esprit atypique, après avoir tenté de changer la perception des autres pour qu'ils me voient telle que je suis réellement — ce C+ annihilait tous mes efforts, me ramenant au point de départ de mon existence de poupée sans cervelle.

Suite à ce choc émotionnel, il fallut que mon esprit reprenne le dessus. En examinant de très près cette note inconcevable inscrite sur la première page de mon travail, je remarquai quelque chose de suspect. En effet, il y avait une première note qui était barrée, et la professeure avait utilisé du papier correcteur afin d'inscrire une autre note à la place. J'eus l'idée de regarder la feuille à travers une lumière vive, et ce que j'aperçus était la confirmation que l'être humain pouvait devenir de mauvaise foi si son ego était ébranlé. J'eus également la preuve que le pire ennemi d'une femme est une autre femme. La première note qu'elle avait mise était un 29/40, ce qui équivaut à 72.5 % ou B-. Devant l'éclairage, je constatai qu'elle avait mis beaucoup d'efforts pour cacher cette première note, en la barbouillant de crayon noir. Sur le blanc correcteur qu'elle avait collé par-dessus était inscrite une nouvelle note, soit 28/40, ce qui équivaut à 70 %, donc C+. Un seul point avait eu comme conséquence de passer de B- à C+. Cette note avait un impact sur ma moyenne générale, et cette professeure le savait très bien. C'était de toute évidence voulu de sa part. Au bout du compte, ce n'était plus tant la note qui me décevait, mais le comportement puéril et mesquin de cette dame. J'étais très en colère contre elle. C'est alors que je découvris en moi un potentiel de délinquance, un peu comme le professeur italien que j'avais fréquenté, mais pour d'autres raisons. Mes pulsions agressives et de vengeance avaient été déclenchées uniquement par souci de justice, car je ne méritais pas le comportement de méchanceté gratuite de ma professeure. Étant demeurés en bons termes malgré tout, j'écrivis à mon ancien amant, l'Italien, pour lui demander de l'aide. Je lui racontai cette histoire et lui demandai s'il avait des contacts pouvant menacer cette dame afin qu'elle change ma note. Ma réaction pouvait sembler grotesque, mais j'étais sérieuse dans ma démarche. Elle devait changer ma note, sinon, c'était une insulte à tout ce que j'étais et tout ce que j'avais vécu pour arriver à ce que j'étais. Je n'éprouvais aucun remords à l'idée de la faire souffrir ou même pire encore… C'était tout ce qu'elle méritait !

Ironiquement, je n'avais jamais connu au cours de ma vie un tel sentiment de volonté de vengeance. Je réalisais que d'autres êtres humains, avec leurs particularités et défauts, pouvaient nous transformer en suppôts du diable. À moins que ce ne soit l'Italien qui avait fini par contaminer mon âme ? En vérité, j'étais aussi vilaine que lui. Cependant, contrairement à cet homme, je n'avais aucun pouvoir. Il est bien connu que le pouvoir corrompt, et je crois cela sans aucun doute. Tous les grands tyrans le sont devenus parce qu'ils possédaient beaucoup de pouvoir. Je savais que je n'étais pas une délinquante innée, que j'étais fondamentalement une bonne personne : mais, il y a des choses que je n'accepterais jamais, comme la mauvaise foi à mon égard. Dans un tel contexte, si j'en avais le pouvoir, je ferais subir à certaines personnes quelques sévices sans le moindre remords. Quant à l'Italien, il ne donna pas suite à mon courriel. Il avait du jugement, l'Italien. Il aurait été insensé de sa part d'accepter ma demande, faite sur le coup de l'émotion. Il était très calculateur, et n'aurait jamais adopté un comportement risquant de lui causer des problèmes. Il me contacta par téléphone quelque temps après, pour me dire qu'il comprenait ma situation et la trouvait inacceptable. Ainsi donc, à mon plus grand désarroi, la note de mon travail ne fut jamais changée.

L'année suivante, je me sentais toujours aussi anxieuse et extra-terrestre à l'université. En fait, je ne me sentais bien qu'en compagnie de personnes plus âgées. J'étais devenue une experte pour attirer les hommes les plus tordus. Des hommes avec beaucoup de manques à combler, mais avec une intelligence à rendre jaloux Einstein lui-même. Cette fois, c'était au tour de mon professeur du cours Mesure, Évaluation et Déontologie, sur qui j'avais jeté mon dévolu. Avec le recul, j'ai compris que c'était lui qui m'avait repérée en tant que proie sexuelle potentielle. En effet, j'étais facile à remarquer à cause de ma solitude et de certaines vulnérabilités apparentes. J'étais toujours assise complètement au fond de la classe à gauche et je ne parlais à personne. Aux interclasses, je restais seule, ne cherchant à communiquer avec quiconque. Seule ma phobie me tenait compagnie. Cet état m'envahissait suffisamment pour annihiler l'envie de me faire de nouveaux amis. On aurait pu croire que ce scénario serait vécu typiquement par un élève « rejet », alors que c'était moi qui fuyais les autres, malgré les tentatives d'approches de leur part. J'avais le comportement d'une fille mal dans sa peau, craignant de se faire ridiculiser à cause de son apparence, mais dans un joli corps de poupée Barbie.

Un jour, alors que je m'apprêtais à entrer dans les toilettes, le professeur Raphaël passa à côté de moi, me scrutant intensément de la tête aux pieds. Son regard perçant semblait posséder une technologie de scan ultra sophistiquée, capable de décoder l'âme humaine. J'appris par la suite que Raphaël avait été un mentor respecté par tous les étudiants en psychologie lorsqu'il poursuivait son doctorat, il y a une vingtaine d'années. Avec une perspicacité remarquable, il décelait les moindres failles chez ceux qui l'intéressaient. Son regard sur moi éveilla en moi un désir de mieux le connaître.

Peu après, je lui envoyai un message, et nous avons organisé une rencontre dans un parc. Nous prétendîmes que cette première entrevue était uniquement pour discuter de mon parcours académique, afin qu'il puisse m'aider à trouver ma voie. Je souhaitais sincèrement impressionner Raphaël sur le plan intellectuel, et notre première promenade fut agréable pour nous deux. Lors de notre rencontre suivante, il m'invita chez lui pour jouer au hockey sur table avec coussin d'air. Passionnée, je me laissai aller à une compétitivité débridée, le battant à plusieurs reprises avec une énergie presque sauvage. Cette violence ludique m'exaltait et permettait à mes symptômes de s'exprimer de manière débridée mais acceptée. Pour moi, ce jeu devint l'un des meilleurs remèdes naturels que j'avais expérimentés jusqu'alors. Peu à peu, nos interactions déviaient des limites conventionnelles entre un professeur et son étudiante.

J'appris qu'au fil des années, Raphaël avait acquis une grande réputation, tant dans la pratique que dans la recherche, devenant ainsi une référence ultime en psychologie. La psychologue que j'avais consultée pendant près de deux ans était l'une de ses grandes amies. Naturellement, je fis rapidement le lien entre Raphaël et les scènes filmées que la psychologue avait réalisées avec moi au cours de nos séances. Il était donc fort probable qu'il ait vu ces vidéos. Dans ce cas, il disposait de nombreux atouts pour me manipuler, me faire croire que je l'aimais réellement, et satisfaire ses propres désirs.

Par la suite, nous avons commencé à jouer à un autre jeu, le jeu de l'amour. J'ignorais alors que cet homme pouvait être un aussi redoutable adversaire. Dès le début de notre relation amoureuse, il disait qu'avec son ancienne conjointe, il n'aimait pas le fait que pour elle, avoir des relations sexuelles était un moment où l'amour était ressenti et partagé avec le conjoint. En réalité, il ne l'avait jamais aimée. L'unique amour qu'il ressentait était pour lui-même. Avec moi, il était comblé, car je m'adaptais parfaitement à ses besoins égoïstes. Et ce, d'autant plus que depuis la cohabitation avec mes deux amis dévergondés, je pensais que j'étais moi-même une petite dépravée. Bien qu'il étouffait progressivement la femme que j'étais, mon attachement pour lui grandissait de manière exponentielle. C'était la première fois qu'un homme me comprenait aussi profondément, à l'exception du plan sexuel. Cette lucidité à mon égard me soulageait et me donnait l'illusion d'être réellement amoureuse.

Lorsque mon ancienne psychologue apprit que je fréquentais Raphaël, elle lui conseilla de faire preuve de prudence. Pour elle, je semblais être une sorte de vampire arachnide, assoiffée d'hommes et les piégeant dans une toile complexe tissée de divers stratagèmes. Quelle ironie ! Si j'étais une araignée, Raphaël était le roi des tarentules, doté de tentacules empoisonnés et pernicieux. Il avait même réussi à tromper mon ancienne psychologue en se présentant comme un être vulnérable et sans défense. Selon lui, elle ne me voyait pas telle que j'étais réellement, mais à travers une projection d'elle-même. Elle avait identifié en moi des traits qu'elle possédait mais ignorait, et prenait un plaisir pervers à me diaboliser, comme si elle ne pouvait accepter que j'étais innocente dans mes relations avec les hommes.

Cette fausse perception de la part de la psychologue rassurait Raphaël. Bien qu'extrêmement manipulateur, il ressentait néanmoins un sentiment de culpabilité. Pour atténuer ce malaise, il élaborait fréquemment des discours sur les bienfaits de notre relation, cherchant souvent à justifier notre fréquentation. Au fond de lui, il savait parfaitement qu'il exploitait mes névroses les plus profondes pour satisfaire ses propres besoins sexuels.

Comme certains pédophiles, son sentiment de culpabilité et sa conscience du bien et du mal semblaient soudainement disparaître pour céder place aux désirs charnels. Après l'explosion de ses tensions sexuelles, son cerveau se calmait progressivement, laissant émerger une moralité, certes très malléable, mais parfois présente. Avec ses vingt ans de plus que moi, son intelligence exceptionnelle et son expérience en tant que mentor en psychologie, il me connaissait mieux que personne. Il pouvait ainsi me manipuler comme une marionnette, me faisant exécuter toutes sortes de danses ridicules.

Un jour que j'accompagnai Raphaël à l'université pour aller à la coopérative, nous aperçûmes dans le couloir mon ancienne psychologue. Un millième de seconde lui a suffi pour nous reconnaître et comprendre qu'elle était en danger. Alors, elle se pencha complètement, faisant semblant de replacer son pantalon. En passant à côté d'elle, Raphaël la salua à deux reprises, mais elle ne se releva pas. De toute évidence, elle était extrêmement mal à l'aise. Pour moi, cette attitude fut un indice que Raphaël avait eu accès aux séances entre la psychologue et moi. Ces informations confidentielles lui permettaient de me triturer à sa guise. Comparativement à l'Italien, son niveau de manipulation était encore plus tordu et sophistiqué. Au fil du temps, je remarquai que le ton de sa voix différait de manière prononcée lorsqu'il mentait, ce qui était plutôt loufoque. Il affirmait être incapable d'être en relation avec des personnes fausses, avoir besoin d'authenticité, alors que lui-même était un grand menteur. Peut-être fuyait-il autant les gens faux de peur de se voir en eux et de reconnaître sa propre fausseté.

Notre relation amoureuse se termina au bout de deux ans et demi. Il avait dû considérer avoir fait suffisamment le plein d'énergie sexuelle. Peut-être aussi souffrait-il d'une tendinite émotionnelle à trop avoir manipulé les cordes de la marionnette infantile que je représentais pour lui ? Suite à notre rupture, il m'a confessé qu'il éprouvait une peur de lui-même vis-à-vis de sa sexualité depuis son adolescence. Il craignait de n'avoir aucune limite à l'égard de la perversité, qu'il n'avait encore jamais pu expérimenter. Sa plus grande peur était de faire du mal à une enfant ou à une jeune adolescente. Il n'était ni pédophile ni hébéphile, mais craignait qu'un jour ses pulsions lui fassent perdre tout discernement, au point d'abuser d'une très jeune personne. En côtoyant la femme-enfant que j'étais, et en vivant entièrement ces pulsions refoulées, il s'est senti libéré. Il put constater que ses pulsions semblaient moins perverses que ce qu'il craignait, car il n'avait ressenti aucune envie d'approfondir une perversité. Il se sentait alors soulagé d'être un homme aux attirances plutôt normales. Il m'exprima sa gratitude concernant ce blocage que j'avais pu lui enlever, à mes dépens. J'aurais préféré qu'il me dise qu'il m'avait aimée profondément, que pour lui j'étais une femme extraordinaire et qu'il m'admirait. Inconsciemment, si je lui avais offert autant de sensualité et d'érotisme, c'était dans le but d'obtenir sa reconnaissance, ainsi que de la considération et de l'attention. Qu'il me donne le droit de vivre en tant que femme à part entière, et non en tant qu'objet sexuel uniquement. Ce fut mon premier grand deuil amoureux, car c'était la première fois que j'avais grandement ouvert mon cœur à un être humain.

Les hommes plus âgés que j'avais fréquentés, tels que cet ancien professeur, semblaient se considérer comme supérieurs, croyant que leur âge et leur expérience leur conféraient une plus grande maturité. Cependant, l'âge n'est pas toujours synonyme de profondeur psychologique ou de maturité. De nombreux jeunes dans la vingtaine, grâce à leur sensibilité et à leur intelligence, peuvent parfois démontrer une maturité plus profonde dans plusieurs aspects de la vie.

Un jour, alors que je me promenais dans la rue, je rencontrai par hasard une connaissance, Anthony. Sans entrer dans les détails, je lui évoquai certains comportements de mon ancien partenaire. Immédiatement, Anthony adopta une attitude agressive, tant dans son langage corporel que dans ses propos. Son timbre de voix était empreint d'une note amère qui me parut terriblement faux. Il ne montrait aucune préoccupation pour mon bien-être intérieur ni pour ma santé mentale.

Il s'insurgeait pour des raisons beaucoup plus profondes et possiblement défensives. C'était comme s'il était en colère contre lui-même pour se reconnaître dans les traits de mon ancien partenaire, un prédateur de jeunes filles vulnérables. Pire encore, il pourrait ressentir de l'envie envers mon ex, qui s'était permis ce caprice égoïste que lui-même ne se permettrait pas pour des raisons morales.

Anthony travaillait comme professeur auprès d'adolescentes de dix à treize ans. Je ne serais pas surprise qu'il m'ait perçue comme l'une de ses jeunes élèves.

Il exerçait la même profession que mon ancien professeur hébéphile, quand j'avais douze ans, et avec qui j'avais eu une relation plutôt particulière. Mais, contrairement à cet ancien professeur, Anthony était doté d'une grande finesse d'esprit, d'un sens artistique, et d'un sens moral, entre autres atouts. De ce fait, il lui aurait été impossible de faire délibérément du tort à une jeune fille. Je soupçonnais que son inconscient avait peut-être canalisé cette pulsion interdite en la remplaçant par des comportements socialement acceptables."

En effet, quel meilleur moyen que le métier de professeur pour être en contact avec des jeunes et se sentir admiré par eux ?

Peut-être que les pédophiles les plus matures sont ceux qui ont été capables de sublimer leur pulsion en leur contraire, c'est-à-dire avoir comme travail de dénoncer les pédophiles ? Un peu comme certains policiers qui, malgré des tendances psychopathiques, se consacrent à l'arrestation de leurs semblables.

La formation réactionnelle est un mécanisme de défense qui consiste à remplacer des pulsions perçues comme inacceptables par des comportements socialement acceptables.

Il m'a fallu beaucoup de temps pour comprendre que je souffrais du syndrome de Gilles de la Tourette, malgré mon grand intérêt théorique pour les troubles dits spéciaux. Cette incapacité à reconnaître ma propre condition m'a amenée à croire que chacun d'entre nous peut être victime d'aveuglement volontaire. Pour moi, cet aveuglement servait de protection à mon ego. Admettre ce syndrome aurait été une blessure narcissique, sachant que beaucoup pourraient le trouver clownesque. En réalité, je préférais attribuer tous mes symptômes à ma nervosité. La prise de conscience est survenue lorsque mon ancien partenaire a mentionné son fils, qu'il soupçonnait d'être atteint de ce syndrome, mais, comme moi, dans une forme légère. C'était comme si un voile opaque se levait de mes yeux. Une fois ce voile dissipé, j'ai pu discerner des signes de ce syndrome en moi. Cependant, j'ai rapidement oublié cette révélation. Les mécanismes de défense de mon ego ont fait en sorte que cette prise de conscience soit restée enfouie dans mon inconscient, ce qui explique pourquoi je n'avais pas entrepris de démarches pour obtenir de l'aide.

Il existe des maux invisibles que les personnes atteintes évitent souvent de partager par peur d'être jugées, ce qui peut parfois intensifier leur souffrance. En effet, lorsqu'une personne se bat contre un cancer ou une autre maladie grave, elle reçoit généralement beaucoup d'empathie et de soutien. Une fois la maladie vaincue, elle est souvent félicitée et admirée, devenant un modèle de courage et de persévérance. En revanche, les personnes souffrant de maux invisibles sont fréquemment mal comprises et jugées à tort. Ce manque de compréhension peut les amener à ne pas parler de leur souffrance, créant ainsi un cercle vicieux qui les condamne à souffrir en silence

Quand j'étais étudiante à l'université, je visitais souvent la petite épicerie de mon quartier, où travaillait une employée plutôt spéciale. Un jour, en discutant avec elle, elle m'a confié qu'elle pouvait ressentir si un client était une bonne ou une mauvaise personne dès son arrivée. Ce qui m'a le plus étonnée, c'est qu'elle était incapable de cerner qui j'étais réellement. Elle ne percevait rien en moi et ne comprenait pas pourquoi. Elle pensait que je venais d'un autre pays. Pourtant, je suis une Québécoise de souche, avec l'accent typique des Québécois. Se pourrait-il que mon aveuglement volontaire concernant ma véritable identité ait aussi affecté la perception des autres à mon égard, au point de ne voir en moi que du néant ? Aucun défaut, aucune qualité, rien du tout !

J'avais vécu un événement similaire avec une connaissance que j'avais invitée chez moi. Après quelques minutes d'élucubrations, il m'avait avoué qu'il était habitué, dans son milieu de travail, à percevoir les motivations et les tempéraments des autres, mais qu'avec moi, il ne voyait rien. Il était incapable de me cerner et cela le déstabilisait. Cet homme s'intéressait beaucoup à l'univers ésotérique, ce qui l'amenait à croire à toutes sortes d'hypothèses. Il pensait que son incapacité à me cerner était due à mon ange gardien qui refusait que l'on puisse pénétrer à l'intérieur de mon esprit. C'était un homme intelligent, avec une vaste culture, mais sa personnalité ésotérique le rendait crédule. Je lui dis que c'était peut-être dû au fait que j'étais une extra-terrestre. Naturellement, c'était une blague de ma part, mais il ne le perçut pas ainsi, et il se mit à réfléchir très sérieusement à cette possibilité. Il répondit : « Oui, peut-être… » En dépit de mon grand respect pour autrui, je ne pus m'empêcher d'éclater de rire. Il m'avoua ensuite que parmi les personnes qu'il connaissait, j'étais celle qui l'attirait le plus. Il faut croire que les extra-terrestres avec leur singularité ont un magnétisme sexuel capable d'envoûter n'importe qui. Étonnamment, ce jeune homme était étudiant en médecine. De toute évidence, il ne serait jamais mon médecin, car je douterais de ses capacités à établir un bon diagnostic.

Mon médecin de famille m'avait déjà proposé une ordonnance pour des somnifères de nouvelle génération à action rapide afin de traiter mes problèmes d'insomnie. Heureusement, Internet m'a permis de découvrir que ce médicament pouvait entraîner divers effets secondaires, dont le somnambulisme. De nombreux récits font état de tels effets : par exemple, une personne a été vue en train de se promener complètement nue à l'extérieur, sans en garder le moindre souvenir, tandis que d'autres ont commis des actes de vandalisme, également sans aucun souvenir. Pour ma part, j'ai souvent fait des rêves où un homme armé tentait de me tuer, et pour me défendre, je le poignardais et le découpais en morceaux.

Il était donc normal que j'aie de sérieuses craintes à l'égard de ces somnifères, qui pouvaient provoquer chez moi des crises de somnambulisme et me pousser à commettre toutes sortes de monstruosités, comme dans mes rêves. Je n'avais pas du tout envie de me retrouver sur les réseaux sociaux et dans les médias, en train de lire qu'une jeune femme avait commis les pires atrocités inimaginables. Ils me qualifieraient alors de ' la meurtrière de la Tourette somnambulique '.

XI

Mes symptômes en délire

Il est souvent dit que le syndrome de Gilles de la Tourette est héréditaire. Pourtant, je ne connais personne, dans ma famille proche ou éloignée, qui souffrirait de ce trouble. Mon père, de son côté, exprimait fréquemment que sa plus grande peur était d'être interné dans un hôpital psychiatrique. Depuis sa séparation d'avec ma mère, il vivait seul, et je ne savais rien de son comportement en privé. Peut-être, tout comme moi, souffrait-il de ce syndrome étrange qui provoque des bruits et des grimaces inusités. Ou peut-être était-il affecté par un trouble moins connu, qu'il ne comprenait pas et dont il se sentait honteux ? Ses seules compagnes étaient ses poules ; il ne me surprendrait pas d'apprendre qu'il en était venu à leur attribuer des comportements délirants, voire à les habiller comme des poupées, cherchant ainsi à canaliser ses pulsions sexuelles de manière déviée.

Un jour, un rat avait surgi de la toilette de mon père pendant qu'il prenait un bain. Ce rongeur, aux dents tranchantes et au regard sournois, avait réussi à passer par les tuyaux d'égout pour remonter jusqu'à la cuvette. Avec mes tendances obsessionnelles compulsives, exacerbées par mon syndrome de Tourette, cette histoire n'a fait qu'aggraver mon anxiété. Chaque fois que j'utilisais les toilettes, je craignais qu'un rat surgisse et me mordille les fesses, ou s'attaque à ma petite orchidée. Je me retrouvais à vérifier frénétiquement entre mes cuisses, redoutant qu'un rat n'apparaisse soudainement de la cuvette.

Je me suis souvent interrogée sur la raison pour laquelle certains hommes utilisent le terme péjoratif de « putes » pour décrire les femmes. Il est étrange que l'inverse n'existe pas : aucune femme ne traite un homme de « putain », même dans des moments de grande colère. Pour de nombreux hommes, l'acte sexuel est perçu comme une activité purement ludique, motivée uniquement par le plaisir. Malgré les critiques fréquentes envers les hommes, ils restent généralement directs et honnêtes quant à leurs intentions sexuelles.

En revanche, pour de nombreuses femmes, l'acte sexuel est souvent chargé de craintes, de désirs et de motivations complexes. Beaucoup de femmes ont des relations sexuelles dans le but de plaire à leur partenaire, de lui apporter du plaisir pour éviter qu'il ne se désintéresse d'elles ou ne cherche ailleurs. Parfois, cela est fait pour ne pas décevoir, éviter le rejet, ou même par manipulation. Cette motivation n'est pas fondamentalement différente de celle des travailleuses du sexe. Cependant, je trouve qu'il est beaucoup plus noble d'adopter un comportement sexuel provocateur avec son partenaire par besoin émotionnel que de le faire avec un inconnu pour des raisons matérielles.

L'homme, souvent inconsciemment, craint parfois que sa partenaire ne dissimule une « putain » soumise derrière son apparence de femme affranchie. Lorsque la relation se termine mal, il peut alors se concentrer exclusivement sur cet aspect péjoratif, sans considérer les nuances de la personne qu'il a connue. À l'inverse, il peut arriver qu'une femme, ayant une libido très élevée, ait un partenaire incapable de satisfaire ses besoins. Dans ce cas, les hommes peuvent ressentir une gêne à exprimer leur difficulté à répondre aux attentes sexuelles de leur partenaire.

Dans ce syndrome, on observe parfois un symptôme nommé coprolalie. Il s'agit d'un tic vocal consistant à prononcer de façon involontaire des mots grossiers ou vulgaires. La coprolalie est un symptôme relativement rare. Uniquement 20 % de ceux atteints par le syndrome de la Tourette en souffriraient[4]. Depuis de nombreuses années, je prononce sans cesse le même juron : putain. À la différence des cas plus graves de coprolalie, je contrôle cette pulsion en société. Donc, quand je suis seule, Annabelle privée prend alors le dessus, en s'exclamant sans cesse avec cette grossièreté langagière sous différents prétextes,

---

[4] Plessis, A. (2013). *Syndrome de Gilles de la Tourette: des tics et des troubles difficiles à vivre*. Récupéré sur Doctissimo: http://www.doctissimo.fr/html/psychologie/principales_maladies/15977-syndrome-tourette.htm

aussi insignifiants les uns que les autres. Avec le temps, cette obsession de m'exprimer avec ce mot s'est aggravée. À présent, le mot putain se transforme parfois en pute ou même grosse pute ! À d'autres moments, je prononce ce juron alors que je suis en train de manger tranquillement, et à mon grand désarroi, cela arrive souvent au même moment où j'entends la voisine passer dans le corridor devant ma porte. Je me sens très embarrassée à chaque fois. Dans ce contexte-ci, je me sens protégée par mon refuge impénétrable; mais, j'appréhende le jour où je ne contrôlerai plus cette pulsion en société, car, je me ferai définitivement massacrer par les femmes !

Depuis que j'ai quitté la maison familiale, j'ai déménagé une dizaine de fois. À chaque nouvel appartement, mes voisins sont restés des inconnus, car je n'ai jamais eu l'occasion de nouer de véritables liens avec eux. Parfois, une gêne m'envahit en pensant à ces voisins, me demandant s'ils ont entendu les bruits étranges que je produisais quotidiennement. Peut-être pensaient-ils que j'étais en proie à un délire ? Lorsque j'ai révélé à mes amis proches que je souffrais de ce syndrome, ils ont eu du mal à le croire, car aucun d'eux ne connaissait l'Annabelle privée, bien présente en moi.

Comme les tueurs en série, je me cachais derrière un masque de normalité en société. Dès que je me retrouvais seule, ce masque tombait, et le monstre aux pulsions envahissantes en moi resurgissait systématiquement. Mes pulsions étaient plus fortes que ma volonté, un peu comme ces criminels incapables de résister à leurs impulsions. Ce syndrome avait créé en moi une dichotomie, engendrant deux personnalités diamétralement opposées et indépendantes l'une de l'autre. L'Annabelle publique contrôlait automatiquement ses tics, pulsions et obsessions, donnant l'impression d'une grande timidité. Pourtant, en son for intérieur, elle était terrifiée, criant et hurlant ! Aucun de ces états n'était perceptible par les autres. En revanche, l'Annabelle privée ne s'imposait aucune censure, laissant libre cours à ses tics obsessionnels. Le fait de constater que je ne pouvais pas transférer en privé le contrôle absolu que j'exerçais en public me déconcertait. Un gardien spirituel se cachait-il dans mon esprit, empêchant toute inhibition que je contrôlais pourtant en société ? Ce gardien savait que s'il fermait et barricadait cette issue pulsionnelle, j'allais littéralement imploser ! Si cela ne dépendait que de moi, je garderais cette issue fermée à jamais. Cependant, il est extrêmement difficile de gagner des batailles lorsqu'elles sont menées contre soi-même.

Souvent, j'avais des délires sensitifs, telle une chatte, sur ma couverture de satin. Je me mettais à quatre pattes et je frottais ma tête dans tous les sens avec beaucoup de vigueur et de sensualité, jusqu'à ce que tous mes sens atteignent l'équivalent d'un orgasme. J'avais parfois aussi d'étranges obsessions par rapport à une curiosité inappropriée. Elles se manifestaient par un ardent désir de toucher des objets qui risquaient de me blesser. Par exemple, j'avais développé une peur du grille-pain : car, à chaque fois que j'y insérais une tranche de pain, j'éprouvais cette irrésistible envie de mettre un couteau dans la fente, uniquement pour en observer les conséquences. Parfois, je promenais le couteau autour du grille-pain, en le frôlant et en le taquinant. En jouant ainsi avec ma peur, je testais inconsciemment mes propres limites autodestructrices.

Pour moi, l'entretien ménager était un véritable supplice. Non pas en raison des exigences physiques, mais à cause de mon obsession pour la crasse puante. Par exemple, lorsque je faisais le tri dans le réfrigérateur et jetais des aliments périmés, je ressentais une envie irrésistible de les sentir de près, surtout ceux couverts de moisissures multicolores. Je savais que cela serait répugnant, mais parfois, la pulsion était presque plus forte que ma volonté. En nettoyant les petits recoins des appareils électroménagers, souvent envahis par une crasse nauséabonde aux couleurs répugnantes, je ressentais une curiosité morbide et un désir obsessionnel de non seulement les sentir, mais aussi d'y goûter. Mes papilles gustatives me feraient-elles grimacer encore plus que mon syndrome de la Tourette ?

Un contrôle absolu était bénéfique dans certains contextes, mais néfaste sur le plan sexuel. Le corps et l'esprit ont besoin de lâcher prise pour atteindre l'orgasme, ce qui entre en conflit direct avec le contrôle rigide que j'exerçais sur mon syndrome. Ces pulsions antinomiques créaient un terrible conflit intérieur entre le désir d'exprimer ma sensualité naturelle dans un abandon total et la volonté de maintenir mon image de "bonne fille". Ce n'était pas seulement une question de fierté, mais aussi une peur profonde de détériorer mon état. Jusqu'à présent, j'ai toujours réussi à contrôler mes tics en public. Perdre cette dignité serait pour moi comme une petite mort de l'âme.

Dans la littérature érotique, les orgasmes vaginaux intenses sont souvent décrits comme « la petite mort », engendrant des sensations diffuses et envahissantes, parfois accompagnées d'une perte transitoire de conscience. Pour moi, cela représenterait deux morts : l'une agréable et l'autre dévastatrice. Atteindre cette petite mort enivrante serait particulièrement difficile sans un partenaire capable de me permettre d'être complètement moi-même. Ne dit-on pas que chez la femme, il y a 80 % de composante psychologique dans l'atteinte de l'orgasme ?

Je soupçonne que, pour les gens atteints du trouble déficitaire de l'attention avec hyperactivité - ce dont je souffre également - parvenir à l'orgasme peut être plus difficile; ou, lorsqu'il est ressenti, est de moindre intensité que la moyenne des gens. Pour ma part, l'orgasme ne demeure que clitoridien et son intensité est diminuée par le chaos dans mon esprit, en plus que celui-ci est occupé à contrôler mes tics obsessionnels. Quand nous souffrons du TDAH, notre psychisme est constamment fragmenté par toutes sortes de pensées qui traversent notre esprit, diminuant ainsi notre concentration. Notre cerveau, étant surstimulé au niveau intellectuel, nous empêche de vivre pleinement le moment présent. Je présume alors que n'étant concentré qu'à moitié, le plaisir n'est ressenti qu'en partie. Tant et aussi longtemps que mon cerveau ne sera pas apaisé, je préférerai fréquenter un homme souffrant d'éjaculation précoce. Ce que, malheureusement, je n'ai jamais connu. Je ne suis certainement pas la seule qui désire secrètement être avec ce genre d'homme, mais la plupart des femmes souffrant de TDAH ne l'avoueront pas. Pour nous, faire l'amour peut devenir lassant si cela dure trop longtemps. Notre cerveau a besoin de rapidité dans l'action, et si l'action demeure la même sur une longue période, notre esprit se désintègre et l'ennui s'empare de nous. Ainsi, la relation sexuelle se doit d'être plutôt brève et très intense pour qu'il y ait du plaisir.

Un de mes plus grands plaisirs dans la vie a toujours été dans ces différentes saveurs que je déposais sur ma langue gourmande. L'univers gastronomique me réjouissait profondément et, en vieillissant, lors des repas, j'étais devenue une vraie salope. Ma mère elle-même ne comprenait pas ce phénomène; elle affirmait que je mangeais beaucoup plus mal que lorsque j'étais un petit bébé. Je faisais pourtant très attention, mais je n'y arrivais pas. Je craignais de devenir la honte de ceux qui m'accompagnaient. Heureusement, la plupart du temps je mangeais seule, pouvant ainsi me lécher sans gêne aux endroits sur mon corps où ma nourriture tombait parfois. Ce comportement typiquement félin était peut-être de famille, car mon frère m'avait déjà avoué qu'il était très paresseux pour préparer ses repas et que lorsqu'il voulait consommer des épices, il en saupoudrait son poignet, puis il les léchait.

Selon l'éthologie, l'étude du comportement des différentes espèces animales, le léchage chez les chats ne sert pas uniquement à se laver, mais aussi à sécréter des endorphines, ce qui a un effet apaisant. Les chats se lèchent frénétiquement pour se calmer après une frustration, et ce comportement provoque également la libération de dopamine, l'hormone du plaisir. Cela peut parfois entraîner des troubles obsessionnels compulsifs chez certains chats. Ne devrions-nous pas nous inspirer de ce comportement pour développer une nouvelle forme de thérapie, que l'on pourrait appeler « léchathérapie », pour aider les humains à apaiser leurs angoisses ? J'ai d'ailleurs observé ce phénomène par moi-même. Après m'être brûlée le doigt, j'ai léché sans cesse une sucette aux saveurs délicieuses, et la douleur a diminué de manière drastique.

Il ne se passait pas un jour sans que la pensée de ma mort ne me hante. Chaque soir, avant de m'endormir, je redoutais de mourir pendant la nuit d'un accident vasculaire cérébral, d'une rupture d'anévrisme, ou d'un arrêt cardiaque. À chaque réveil, je me réjouissais de constater que la vie continuait en moi. Cependant, je ne ressentais aucune inquiétude particulière concernant les cancers ou autres maladies graves, car ces affections sont parfois prévisibles et traitables avec des médicaments ou des soins.

Durant la journée, je pensais également à la possibilité que ma fin approche. Si j'avais eu le choix, j'aurais préféré connaître la date de ma mort. Autrement, il me semblait qu'une partie de mon esprit refusait de vivre pleinement, craignant que la mort puisse surgir à tout moment. Ce conflit entre le désir de vivre et la peur constante de mourir entraînait des inhibitions qui m'empêchaient de profiter de la vie.

Lorsqu'on est confronté à ce type de conflit et à ce besoin d'absolu, cela se répercute inévitablement sur le plan amoureux. Bien que ce soit à l'origine un mécanisme de défense, il est ironique que cette peur de l'abandon puisse, paradoxalement, entraîner un désintérêt de la part de l'autre. Selon le contexte, nos mécanismes de défense peuvent donc jouer un rôle protecteur ou destructeur. J'avais l'intuition que le jour où je m'abandonnerais totalement à un partenaire amoureux, ma peur de la mort disparaîtrait. Comme si en acceptant le risque hypothétique d'un amour déçu, j'acceptais en même temps l'inévitable réalité de la mort.

Quand nous dormons, nous vivons une sorte de mort : celle de la conscience endormie. J'étais également affectée par un autre trouble : le syndrome de retard de phase du sommeil. Ce trouble, souvent méconnu, peut avoir des répercussions significatives sur la santé de ceux qui en souffrent, qui sont souvent inconscients de leur condition. Il commence généralement au début de l'adolescence et se caractérise par un retard du sommeil, c'est-à-dire l'incapacité de s'endormir aux heures souhaitées. Les personnes touchées par ce syndrome ont du mal à suivre un rythme de sommeil régulier en raison des contraintes imposées par le travail ou l'école. Le réveil devient alors extrêmement difficile en raison de l'accumulation de sommeil manqué. Divers troubles peuvent en découler, tels que la fatigue, le manque de concentration et la perte de mémoire. Étant donné que je m'endormais toujours beaucoup plus tard que mon heure de coucher, le réveil forcé était une véritable souffrance.

Malheureusement, ce trouble est souvent confondu avec de la paresse, alors que pour ceux qui en souffrent, il constitue un véritable handicap. Il est d'autant plus difficile de supporter le jugement des personnes matinales qui se vantent de leur capacité à profiter de la vie. Lorsque j'ai quitté l'école, pouvoir me lever à l'heure désirée a été l'un des plus grands bienfaits pour ma santé mentale.

Parfois, durant mon sommeil, je me réveillais après avoir éprouvé un orgasme dans un rêve et j'étais incapable de me rendormir. À chaque fois que cela se produisait, je me fâchais contre ce corps qui avait décidé de me procurer cet orgasme sans mon consentement : car entre le choix de dormir et d'avoir un orgasme, pour moi ce n'était pas difficile. Une nuit de huit heures était essentielle à ma qualité de vie; car sans ces heures entières, une lourdeur psychologique et physique m'accablait, jusqu'à la nuit suivante.

Je vivais également d'étranges phénomènes oniriques. De nombreuses fois, je pensais être éveillée, pour finalement m'apercevoir que je me trouvais à l'extérieur de mon corps. Je tentais alors d'ajuster mes membres, en esprit, à ceux de mon corps, afin de réussir à rentrer dans mon enveloppe corporelle. Une nuit, toujours dans mon rêve, mon corps était caché sous plusieurs couvertures de la tête aux pieds. Je paniquais à l'idée de rester prise dans cette autre dimension, mon esprit étant dans l'incapacité de pénétrer dans mon corps mort, asphyxié sous les couvertures, ou encore parce qu'un autre esprit serait entré en moi ? Ces expériences pouvaient être confondues avec le voyage astral, mais c'était plutôt une sorte de rêves lucides. J'avais réussi à prouver cette thèse, car, pendant les moments où j'avais l'illusion de sortir de mon corps, j'observais mon appartement et les objets qui s'y trouvaient afin de vérifier s'ils correspondaient à la réalité. Finalement, tout était toujours différent, même si mon esprit croyait percevoir la réalité. Au cours de l'un de ces rêves lucides, je me suis trouvée en double de moi-même : j'étais à la fois Annabelle en femme avec une vulve, mais également Annabelle en homme avec un phallus. Depuis l'adolescence, j'avais toujours été intriguée de connaître les sensations d'un homme pénétrant une femme. Était-ce identique à nous, les femmes ? Dans ce rêve, je pus expérimenter l'acte sexuel en me pénétrant moi-même. Les sensations en furent plutôt confuses, pour ne pas dire schizophréniques.

Dans les rêves lucides, nous avons conscience que nous rêvons. Ceux que je préférais étaient ceux qui apparaissaient à la suite d'un rêve normal. Au départ, je n'avais pas conscience que je rêvais, comme la plupart d'entre nous, puis soudainement, je réalisais que je me trouvais dans un rêve lucide. Je pouvais alors libérer mes pulsions réprimées. Dans ces rêves, il n'y avait aucune règle, aucune loi et aucun jugement de la part d'autrui, c'était la liberté absolue ! Dès que j'étais dans cet état, mes pulsions sexuelles prédominaient, comme si elles comprenaient qu'il n'y avait plus aucun danger et qu'elles pouvaient s'exprimer comme elles le désiraient. Les hommes devenaient alors de purs objets sexuels. Je n'avais aucune préférence physique, je souhaitais seulement un organe masculin. Quand je trouvais un homme, je déployais spontanément son sexe de ses pantalons et je me concentrais très fort pour le faire grossir. Quelquefois, son pénis devenait gigantesque ou difforme. J'avais la capacité de modifier ces caractéristiques, mais pas toutes les fois, car ces exploits oniriques demandaient beaucoup d'énergie mentale. Alors, je passais à un autre homme en espérant que son organe aurait une dimension adéquate pour que je puisse m'amuser. Ces rêves dans lesquels j'utilisais froidement les hommes comme des objets sexuels avaient possiblement comme fonction de rééquilibrer ma dynamique de femme-objet soumise à mes amoureux. En effet, j'avais souvent tendance à donner trop d'importance au confort des autres, au détriment de mes propres besoins.

Un jour, une connaissance m'invita à l'accompagner en voiture à une rencontre professionnelle. Rendus à destination, il me demanda de l'attendre dans sa voiture. Il y avait cependant un très grand problème : ma vessie voulait exploser, n'en pouvant plus de se retenir. Je lui fis part de mon envie pressante, mais comme c'était une personne pour qui les apparences étaient de première importance, il craignait que ma venue dans cette maison ne déséquilibre la dynamique d'affaires qu'il désirait installer. J'ai donc dû attendre dans la voiture, paralysée sur ce siège. Par chance, en regardant autour de moi, j'aperçus une grande bouteille. Alors, je me suis installée sur la banquette arrière et j'ai uriné dans celle-ci, tout en étant très anxieuse à l'idée que quelqu'un puisse sortir de la maison et me surprendre. Heureusement, j'eus le temps de terminer. Mais, il se peut que quelques gouttes d'urine aient pu tomber à côté de la bouteille lorsque je la remplissais avec mon sexe collé à celle-ci. Si tel était le cas, il s'était sûrement dit que comme une chienne, j'avais su marquer mon territoire. Sa fierté, son orgueil, et son manque de respect à mon égard lui avaient peut-être coûté un nettoyage intérieur de sa voiture.

À cause du manque d'autorité et d'encadrement durant mon enfance, j'étais attirée par les hommes ayant un statut d'autorité sur moi, donc plus propices à devenir sadiques. Un jour, j'ai fait la connaissance d'un ami de mon coloc, il était très séducteur et autoritaire. Il savait comment s'y prendre avec moi. Nous avons vécu l'équivalent d'un jeu sauvage entre un chat et une souris. Le chat était très grand, fort, et autoritaire, et la souris, toute menue, délicate et apeurée, mais en même temps excitée par la situation. Durant une journée d'été, je m'étais séparé les cheveux en deux tresses, et je faisais très fillette. Mon air coquin et ingénu stimula cet homme brutal à la libido enflammée. En vérité, c'était ce que je voulais, même si ma tête ne le voulait pas. Il y a souvent une sorte de dichotomie chez la femme entre ses besoins sexuels instinctifs et sa tête. Pour plusieurs raisons, on peut s'abstenir de vouloir concrétiser ses pulsions; soit par peur d'être blessée émotivement, peur du rejet si l'homme ne nous trouve pas suffisamment jolie, ou la conséquence d'anciens traumatismes sexuels.

Dans un contexte de jeu toujours, tel un homme de Cro-Magnon, il m'attrapa par mes deux tresses et me glissa vers lui. Considérant que mes seuls bons souvenirs d'enfance avec mon père étaient lors de jeux avec rudesse, j'ai donc aimé me faire brutaliser. Il m'obligea à déposer mes douces lèvres sur son sexe gonflé de désir, de contrôle, et de pouvoir sur moi. J'aimais lui donner cette illusion de puissance en me rendant faussement vulnérable et sans défense sous sa domination phallocentrique. Nonobstant le fait que j'étais en conflit avec moi-même, de sortir de cette prison d'inhibitions dans laquelle je suffoquais, me faisait le plus grand bien. Ensuite, la petite souris s'était cachée sous ses draps et le chat, tenant son cellulaire avec sa patte, tenta avec ses griffes pénétrantes de soulever les draps afin de filmer la charmante petite souris pour en conserver le souvenir. Mais la souris fut prise de panique. C'était la dernière chose qu'elle voulait, que d'autres minets la regardent en se léchant les babines dans l'espoir de la manger. Avec les réseaux sociaux pour chats sauvages, tous les minous de ce monde pourraient la contempler et ainsi élaborer des plans dans le seul but de la piéger.

Lorsque je m'allongeais pour dormir, un symptôme étrange surgissait presque immédiatement. Chez les personnes atteintes du syndrome de Gilles de la Tourette, il est fréquent que ce symptôme se manifeste au moment du coucher ; il s'appelle la palilalie. Ce trouble se caractérise par la répétition incessante de mots, de phrases ou de syllabes, mais dans mon cas, cela se produisait uniquement dans ma tête. Pendant le sommeil, il existe deux phases semi-conscientes communes à tous : l'état hypnagogique, qui se situe entre l'éveil et le sommeil, et l'état hypnopompique, qui se trouve entre le sommeil et l'éveil. C'est dans ces moments que je répétais inlassablement une phrase ou un mot dans ma tête. Ces deux états peuvent provoquer des phénomènes surprenants et souvent mal compris, ce qui peut générer beaucoup d'anxiété. Par exemple, des hallucinations auditives ou visuelles sont courantes : entendre clairement un son, un mot, une phrase, ou voir un esprit ou une personne imaginaire. En ignorant la cause exacte, beaucoup de personnes croient devenir folles, ce qui ne fait qu'accentuer ces symptômes. Je faisais parfois l'expérience de ces hallucinations en plus de mes stéréotypies. La plus fréquente était celle d'une sonnerie de porte. Dans mon ancien appartement, c'était particulièrement troublant, car je ne pouvais pas déterminer si j'avais halluciné ou si la sonnerie était réelle. Dans mon logement suivant, il n'y avait plus de sonnerie aiguë ; elle avait été remplacée par le son grave d'un interphone. Comme mes hallucinations étaient toujours aiguës, je pouvais ainsi reconnaître qu'elles n'étaient pas réelles.

Durant le sommeil, les inhibitions disparaissent pour laisser la place aux pulsions les plus profondes. Parfois, une anxiété envahissante me gagnait lorsque je me réveillais après avoir eu un coup de tête dans le vide, comme c'était le cas durant mon adolescence. Dans ces moments-là, je prenais conscience de l'importance de mon inhibition durant le jour, car ma santé neurologique en dépendait. Au cours de la journée, je réussissais parfois à m'aveugler au point d'apaiser cette terrible peur d'être confrontée à moi-même, à mes peurs les plus profondes. Ces moments d'extrême lucidité nocturne me confrontaient violemment à ce que j'étais réellement. Paradoxalement, je craignais de devenir complètement folle en perdant cette lucidité qui empêche la folie de nous envahir.

Avec mon hypersensibilité, je percevais facilement les émotions des autres. La joie m'envahissait lorsque je voyais de la tendresse dans le regard d'un inconnu. Parfois, que ce soit avec des hommes ou des femmes, je décelais du mépris, voire de la haine. Malgré cela, je continuais à faire preuve de gentillesse envers tout le monde, refusant de laisser leur négativité contaminer ma propre bonté naturelle.

Dans ces moments-là, une partie de moi aurait aimé vivre au début du siècle après Jésus-Christ et être un empereur romain tyrannique et dément, pour me venger de ces inconnus qui agressaient ma candeur. J'aurais pointé du doigt toutes les personnes irrespectueuses à mon endroit, et mon garde les aurait capturés pour les donner à manger à mes lions. Quand une personne ne possède aucune bonté en elle, et demeure incapable de regarder les gens avec respect, cela signifie qu'elle n'apporte probablement aucun bienfait à son entourage ou à la société. Elle demeure une nuisance. Elle serait donc plus utile comme nourriture pour les animaux. Un jour, un homme m'a traitée de dictatrice simplement parce que j'avais eu le courage de refuser ses avances insistantes. J'en fus profondément étonnée, car en réalité, je suis tout le contraire. Les mots qui me décrivent le mieux sont indulgente, délicate et respectueuse. Cet homme venait de Côte d'Ivoire, en Afrique. Il résidait dans ma ville pour ses études universitaires. Il dégageait une aura mystérieuse. À priori, je n'ai jamais cru à la réincarnation, mais je demeure ouverte à toutes possibilités. Peut-être a-t-il perçu la réelle identité de mon âme et de mes anciennes vies, une vie dans laquelle j'ai été un empereur tyrannique, peut-être même Caligula. Cela expliquerait pourquoi dans cette vie-ci, si je suis complètement à l'opposé, c'est sans doute pour me faire pardonner…

XII

Colocation, attirances et aversions

Mon ancien colocataire m'a confié qu'autrefois, il avait une vie qui lui semblait idéale : un travail stable, une femme aimante et deux enfants. Cependant, malgré cette façade parfaite, il est tombé éperdument amoureux d'une collègue de travail avec laquelle il a eu une liaison secrète. Cette relation n'a pas fonctionné comme il l'espérait, et les conséquences ont été dévastatrices. En apprenant l'affaire, sa famille l'a rejeté, le laissant tout perdre. Il est alors tombé dans une profonde dépression, avec des pensées suicidaires. Considéré comme ayant des contraintes sévères à l'emploi, il n'a jamais réussi à retrouver du travail. Les prestations sociales qu'il recevait étaient souvent utilisées pour acheter de la drogue dure, le plongeant dans un cercle vicieux dont il était incapable de sortir. Il est devenu de plus en plus maigre, jusqu'à ressembler à une personne anorexique en phase terminale. Le comité responsable des contraintes sévères à l'emploi semble souvent inefficace, sans véritable suivi pour ceux dans cette situation depuis plusieurs années.

En réalité, il aurait souhaité arrêter sa consommation de drogue, mais l'argent dont il disposait ne faisait qu'alimenter sa dépendance. Contrairement à ce que l'on pourrait penser, tous les toxicomanes ne sont pas enclins à la délinquance. Leur situation est souvent exacerbée par un manque de soutien et de suivi. Cette absence de suivi approfondi pour les personnes avec des contraintes sévères à l'emploi donne l'impression que le gouvernement encourage indirectement les toxicomanes et les alcooliques à poursuivre leur auto-destruction. Peut-être que la situation est similaire pour les personnes souffrant d'obésité morbide ? En dehors des cas de dérèglement hormonal, il est raisonnable de penser que si ces personnes manquaient de ressources financières pour se nourrir, elles perdraient du poids. Durant mes années à l'université, vivant sur des prêts et bourses, je ne mangeais que très rarement à ma faim, et j'étais naturellement plutôt mince. En tant qu'hédoniste, si j'avais eu plus de moyens financiers, j'aurais probablement mangé beaucoup plus.

Les drogues dures peuvent parfois exacerber la volubilité. Certains ressentent un besoin irrésistible de parler sans arrêt. L'autre ne semble à leurs yeux qu'une poubelle à pulsions langagières sans fond. Étant de nature indulgente, polie et respectueuse, cela devenait un vrai supplice que de cohabiter avec ce colocataire toxicomane. Il était extrêmement envahissant, sans même s'en apercevoir. Si seulement il avait eu la moindre méchanceté à mon égard, j'aurais pu lui dire : « Ne me parle plus jamais, tu m'exténues, tu es en train de me détruire ! ». Mais il avait une bonne nature, et parfois même, il m'apportait des pâtisseries. Étant accro à cette poudre raffinée qu'est le sucre, l'affirmation de moi-même disparaissait instantanément. Son envahissement était si puissant que même l'air que je respirais était perverti par son souffle nauséabond. D'autant plus que la douche se faisait rare pour lui, ce qui n'aidait pas non plus à la bonne qualité de l'air ambiant en sa présence. À ses côtés, j'avais l'air d'une femme revenant d'un gala et lui, d'un itinérant. Effectivement, il négligeait beaucoup son hygiène. Tandis que moi, c'était tout le contraire. Quand on est fière, on pense à prendre soin de sa peau, de ses cheveux, de ses dents, on veut sentir bon, on souhaite mettre en valeur sa silhouette avec de jolis vêtements, même si tout cela peut parfois devenir harassant. Mon ancien colocataire s'habillait mal, mais il n'avait jamais froid, car il pensait à se protéger du froid, avant de penser à son apparence. En dépit du fait qu'il m'exaspérait le plus souvent, il arrivait parfois à me faire rire aux éclats. Comme quand il mettait sous son chandail son sac d'épicerie, donnant l'impression étrange d'avoir de gros seins difformes. Uniquement dans un but pratique, il faisait complètement abstraction de ce que les autres pouvaient penser.

N'ayant plus d'amoureux dans ma vie, les réseaux sociaux y prirent une grande place. Je passais plusieurs heures par jour à correspondre avec des amis Facebook. Je me trouvais ainsi en conflit avec moi-même, car une partie de moi appréciait ces échanges; j'y trouvais là un certain désennui et un enrichissement interpersonnel. En même temps, je détestais au plus haut point Facebook, car j'avais l'impression que ce réseau social m'empêchait d'avancer dans la vie, de concrétiser mes rêves. Si j'avais été un homme, il y aurait sans doute eu un risque que je tombe dans la cyberdépendance pornographique. Dans les faits, c'était à peu près l'équivalent, parce que devenir dépendant de conversations écrites ou bien de cyberpornographie, peut nuire à notre quotidien, nous empêcher d'être dans l'action et nous emprisonner dans ce doux confort sécurisant qu'est notre ordinateur. Il y eut toutefois quelques éléments positifs à cette dépendance aux réseaux sociaux. Je repris contact avec mon amie Mélissa, et nous nous sommes revues à plusieurs reprises. Quand je l'ai connue, j'étais perdue dans ce monde de perversité qu'elle entretenait avec son amoureux de l'époque. Avec le temps, j'appris à la connaître en profondeur, découvrant ainsi en elle un trouble psychologique : la trichotillomanie. Environ 3 % de la population en souffre, mais ce trouble demeure relativement méconnu. Il est caractérisé par l'arrachage compulsif de ses propres poils ou cheveux[5]. Mélissa portait très souvent une casquette, probablement pour cacher sa chevelure appauvrie. Elle pouvait passer des heures devant le miroir à s'épiler le visage, avec la fausse impression qu'il restait toujours un poil de trop. Quand j'habitais avec elle et son amoureux, elle avait comme obsession d'arracher des poils de son pubis de manière compulsive, au point d'en chercher continuellement, juste pour avoir le plaisir de les arracher. Cette obsession lui causait des boutons et des rougeurs sur la peau. Elle n'était toutefois pas consciente qu'il s'agissait d'un trouble compulsif.

Mélissa m'avait confié aussi qu'elle ressentait du dégoût envers les bébés. Je ne pensais pas qu'une aversion envers les tout petits pouvait exister. Elle m'avait avoué que même la texture de leur peau la dégoûtait, ainsi que leur odeur; elle considérait que les bébés sentaient le vomi. Elle m'avait également avoué que si on lui donnait le choix entre perdre ses deux jambes ou enfanter sans possibilité d'avortement, elle

---

[5] Catalan-Massé, S. (2015). *La trichotillomanie ou la manie de s'arracher les cheveux*. Récupéré sur doctissimo: http://www.doctissimo.fr/psychologie/toc/trichotillomanie

préférerait perdre ses deux jambes. À l'époque où je travaillais pour une agence de massages érotiques, un client m'avait une fois avoué qu'il éprouvait du dégoût à l'égard du baiser avec la langue. Ceci expliquerait pourquoi il venait dans une agence de massage; afin de libérer ses pulsions sexuelles sans devoir embrasser la femme qui le touchait.

Je trouve désolant que de tels sentiments de dégoût soient orientés vers des êtres, des objets ou des comportements qui sont à la base beaux et naturels. Son opposé, l'attirance à l'égard de ce qui est considéré comme étant répugnant, semble aussi étonnant. Ces états plutôt particuliers engendrent souvent une grande honte chez la personne qui les vit. L'avantage de nous montrer tels que nous sommes, avec nos vulnérabilités, incite les autres à faire de même; ce qu'ils refuseraient de faire devant une personne orgueilleuse qui les jugerait à outrance, en refusant de se regarder elle-même. En montrant aux autres qu'en réalité nous sommes égaux, que l'on accepte l'être humain tel qu'il est, sans l'idéaliser, sans le rabaisser, on ne peut qu'encourager les autres à se dévoiler aussi. Même devant un psychologue, pour toutes sortes de raisons personnelles, il peut y avoir beaucoup de censure par rapport à ce que nous sommes. Par conséquent, cette gêne naturelle viendrait nuire au bon diagnostic du psychologue et à son approche d'aide. Cette ouverture procurerait beaucoup de bienfaits psychologiques à ceux qui souffrent, même parfois plus que s'ils avaient suivi une thérapie.

J'avais connu un artiste-peintre qui, sous l'effet de l'alcool et parce qu'il avait confiance en moi, m'avait avoué un secret honteux : une attirance plutôt inusitée qu'il avait ressentie durant son adolescence. Il s'amusait avec ce que l'on nomme communément le caca, un peu comme un enfant de deux ans qui s'amuse avec ses propres déjections. Par contre, contrairement à un enfant, il en avait développé une attirance sexuelle. C'était pour lui une sorte de curiosité, de jeu. Il se masturbait avec ses excréments qui faisaient office de lubrifiant. Un jour, sa mère frappa à la porte de la salle de bain, là où il s'adonnait à ses petits délires, et elle lui demanda ce qu'il était en train de faire. Naturellement, il avait conscience que c'était anormal. Il s'était empressé de sortir, mais craignait que sa mère ne s'aperçoive de ses petites expériences secrètes.

En vieillissant, cette attirance de se souiller avec ses excréments s'était orientée vers la peinture, sans doute une des raisons pour laquelle il était devenu un artiste-peintre, car tout bon peintre aime se salir. Quand je réalisais des toiles, je sentais effectivement cette pulsion à vouloir me tacher un peu partout. Mais l'attirance qu'éprouvait cet homme était beaucoup plus grande. Lui et sa partenaire versaient des pots de peinture de différentes couleurs sur une grande toile apposée au sol, et ils faisaient l'amour sur celle-ci dans différentes positions, afin d'y imprégner cette magie sexuelle, sous toutes ses formes. J'avais pu voir une de ses œuvres, et le résultat était époustouflant. On y voyait un amalgame de couleurs représentant des formes surréalistes, teintées de désir et d'abandon sexuel. Il m'avoua qu'il dut arrêter ces exploits, car sa partenaire avait contracté une vaginite qu'ils soupçonnaient être causée par la peinture synthétique.

Bien que cela puisse paraître surprenant, les déviances sexuelles sont réelles et vécues par un bon nombre de gens. Plusieurs de ces individus, pas seulement ceux pratiquant la scatophilie comme dans l'exemple ci-haut, n'oseront pas les avouer, même à des professionnels comme les sexologues. Ils demeureront alors avec ces secrets intimes qu'ils emporteront dans leur tombe. Certains peuvent vivre avec leurs déviances, tout en étant équilibrés dans leur vie en général. Tandis que d'autres peuvent sombrer dans une grande détresse psychologique et se sentir emprisonnés dans leurs secrets honteux, avec des répercussions désastreuses dans plusieurs dimensions de leur vie. L'un des avantages des réseaux sociaux est la possibilité de demeurer anonyme. De ce fait, ils pourraient trouver des réponses à leurs questionnements, ou du moins avoir un soutien psychologique.

XIII

Ma relation « incestueuse » avec une célébrité

À cette époque, je suivais assidûment une émission de télévision que j'aimais beaucoup, surtout parce que l'animateur, Nicolas Montminy, était une personnalité bien connue et très appréciée au Québec. Il est possible qu'il y ait des liens de famille entre nous, étant donné qu'il partageait le même nom de famille que le mien du côté de mon père.

De plus, il avait les mêmes yeux que mon père et mon frère. Peut-être avait-il lui aussi des secrets honteux qu'il souhaitait dissimuler ? Cela ne m'aurait pas étonnée, compte tenu de la singularité de ma propre famille. Je connaissais Nicolas Montminy depuis l'âge de huit ans. Il avait joué dans quelques films et apparaissait à la télévision de temps en temps. Étant donné l'absence de liens affectifs significatifs avec mon père, en raison de ses profonds blocages psychologiques, cette vedette, qui lui ressemblait, représentait pour moi une figure paternelle d'une certaine manière. Je voyais en lui un père affectueux, rassurant et protecteur. Je l'ai adoré tout au long de mon enfance, de mon adolescence et jusqu'à l'âge adulte. C'était un amour particulier, car, étant une célébrité, il était impossible qu'il fasse réellement partie de ma vie.

Dans un faible pourcentage de cas, certaines personnes développent un délire particulier appelé érotomanie, les amenant à croire qu'une personnalité importante éprouve de l'amour pour elles, alors qu'en réalité, cette personnalité ne les connaît pas, ou, si elle les connaît, elle ne ressent aucun sentiment à leur égard. J'étais parfaitement consciente que je ne verrais jamais Nicolas Montminy en personne et que, pour moi, il représentait uniquement une figure paternelle sur le plan symbolique.

Pendant mon adolescence, il animait une émission de télévision où il était extrêmement hilarant. Il incarnait parfaitement ce que je n'osais pas être, et le voir à l'écran dans toute sa splendeur me procurait une véritable catharsis. Vers l'âge de quinze ans, j'ai commencé à ressentir un désir véritable pour lui. En arrivant à l'âge adulte, ces pensées se sont estompées, mais je gardais encore une certaine affection pour lui lorsque je le voyais à la télévision, d'autant plus que nous avions peut-être un lien familial. Spontanément, j'ai décidé de lui écrire, sans attendre grand-chose en retour. À ma grande surprise, il me répondit avec enthousiasme, confirmant probablement un lien de parenté éloigné et exprimant sa fierté de ce lien avec une femme aussi jolie. J'avais une grande ressemblance avec sa propre fille au niveau des yeux. De plus, nous avions étudié dans le même domaine, les arts plastiques. Ainsi, un lien existait déjà entre lui et moi, même sans que nous nous connaissions personnellement.

Je ne lui répondis pas immédiatement, car il était évident qu'il était habitué à être approché par des femmes désirant le séduire. Les jolies femmes connaissent bien ce phénomène, habituées qu'elles sont de recevoir des demandes de la part des hommes. À la longue, elles finissent par perdre tout intérêt, du moins plusieurs d'entre elles. Avec cet homme, je ne voulais en aucune façon être à ses yeux comme toutes les autres femmes.

De manière subtile mais directe, j'entretenais une correspondance avec lui sur Facebook, en publiant des commentaires, des textes, des anecdotes et des blagues dans le but de lui plaire. Le résultat dépassa largement mes espérances, car une complicité implicite s'installa entre lui et moi. En effet, il utilisait fréquemment ce que je publiais comme source d'inspiration pour créer des scènes humoristiques dans son émission.

Le moment le plus exaltant était à la toute fin de l'émission, lorsque Nicolas s'adressait directement à moi en faisant un commentaire en lien avec ce que j'étais, sachant pertinemment que je le prendrais personnellement. C'était extrêmement charmant, et je devenais de plus en plus amoureuse. À vrai dire, avant le début de cette complicité, je n'aurais jamais imaginé pouvoir devenir à ce point amoureuse de lui.

J'étais consciente qu'en psychologie, il existe des troubles caractérisés par des idées de référence. Ces troubles se manifestent par des croyances erronées selon lesquelles certains éléments de l'environnement auraient des significations particulières et inhabituelles. Par exemple, on peut croire que les titres des journaux ou un article en particulier nous sont destinés, ou que des personnes étrangères nous font des signes ou parlent de nous derrière notre dos, etc[6].

C'était pour cette raison que je ne parlais à personne de ce que je vivais, aussi réjouissant que cela fût, car cela aurait été la pire des insultes si l'on avait pensé que je délirais. C'était également par respect pour lui, car je ne voulais pas qu'il devienne la cible de rumeurs. Lorsque j'ai réalisé qu'il utilisait mes publications comme source d'inspiration pour créer des scènes humoristiques, j'ai entrepris des recherches et découvert des commentaires de téléspectateurs affirmant que l'émission était encore plus hilarante que d'habitude. J'ignorais si j'avais réellement un lien avec cet engouement, mais en tout cas, il était très agréable pour mon amour-propre d'envisager cette possibilité.

Je lui écrivis à nouveau uniquement lorsque l'émission fit une pause pour la période des Fêtes. Je trouvais que c'était le moment idéal pour correspondre, grâce à l'ambiance magique de cette saison festive et au fait qu'il n'était pas accaparé par son travail. Il me répondit en me donnant même son adresse courriel personnelle. À partir de ce moment, nous avons entretenu une correspondance érotique et envoûtante.

---

[6] *Institut universitaire en santé mentale de Montréal*. (s.d.). Récupéré sur CIUSSS: http://www.iusmm.ca/sante-mentale/schizophrenie.html

Chaque fois que je recevais un courriel de sa part, je sautais d'excitation, tel un kangourou sous l'effet de la cocaïne. Mes pensées tourbillonnaient, provoquant des étourdissements euphoriques. En lisant ses messages avec beaucoup d'intérêt, ma sensualité naturelle s'enflammait à un tel point que ma température corporelle semblait augmenter de quelques degrés.

Après les Fêtes, il reprit son émission de télévision, et nos correspondances diminuèrent en raison de son emploi du temps à nouveau très chargé. Cependant, je continuais à publier des écrits insolites sur Facebook dans l'espoir qu'il puisse s'en inspirer. Peu à peu, je commençais à douter de son honnêteté à mon égard. J'avais remarqué à plusieurs reprises des coïncidences troublantes. En effet, certaines scènes de son émission semblaient faire des références très explicites à des secrets et des événements honteux que j'avais précédemment écrits et conservés sur mon ordinateur. Les coïncidences devenaient de plus en plus nombreuses, au point de me faire douter de ma santé mentale, car la situation me paraissait totalement invraisemblable.

Je repensais à son premier message électronique, qui avait été classé dans mes messages indésirables. Mon ordinateur m'avait averti qu'il y avait un risque si je l'ouvrais, car des individus malhonnêtes insèrent parfois des virus, comme des chevaux de Troie, dans leurs courriels pour obtenir des informations personnelles. J'avais ignoré cet avertissement, pensant que, après tout, cela provenait de Nicolas Montminy. Il me semblait impossible que son message puisse contenir un virus.

Je repensais alors au moment où mon ami Mathias avait bloqué l'adresse électronique de l'un de mes contacts par jalousie, puis m'avait avoué son acte malhonnête. Mon premier amoureux m'avait aussi confié avoir installé un programme d'espionnage pour récupérer mon mot de passe et surveiller mon courriel. Il semblait que j'étais un aimant pour les comportements malhonnêtes, comme si mon esprit influençait certains individus au point de les pervertir. Finalement, j'avais donc des doutes similaires à propos de Nicolas. D'autant plus que cet acte était commis par un homme de grande notoriété, qui possédait tout le pouvoir associé à sa célébrité. Les chances qu'il admette ses actes étaient pratiquement nulles, car il protégerait avant tout sa réputation, sa carrière et son bonheur personnel.

Lorsque cela devint évident que Nicolas avait piraté mon courriel, je commençai à relire ce que j'avais déjà écrit à des proches. Une honte dévastatrice m'envahit, car ces textes contenaient des révélations sur des aspects sombres de ma personnalité. Je me sentais violée dans mon intimité. Malgré cette intrusion, je n'avais pas changé mon mot de passe, car je voulais qu'il puisse continuer à m'espionner sans lui faire savoir que je soupçonnais son délit. J'aimais lui donner l'impression d'innocence et de naïveté pour qu'il puisse poursuivre son intrusion dans mon âme sans gêne. Ainsi, je lui offrais la jouissance typique de la délinquance.

D'ailleurs, dans ma vie en général, je devenais habile à sembler d'une grande naïveté, souvent sans le vouloir. C'était ma nature de paraître naïve sans l'être réellement. Je constatais la propre naïveté des gens quand quelqu'un pensait vraiment que je l'étais. Avec Nicolas, cette intrusion devenait une forme de thérapie, car il était particulièrement doué pour dédramatiser mes petits secrets en les transformant en matériel humoristique. Peu à peu, je sentais grandir une confiance, et j'accordais moins d'importance à ce qu'il pouvait penser. Son humour devint ainsi thérapeutique, même lorsqu'il semblait, au départ, manquer de respect en s'immisçant dans mon intimité. Avec lui, mon ego, ma fierté et mon narcissisme en sortaient altérés de manière bénéfique. Maintenant, il y avait une immense place dans mon cœur pour l'accueillir. Après tout, nous étions tous les deux un peu tordus…

À la suite de nos correspondances brûlantes, Nicolas Montminy a demandé à me rencontrer. Venant de terminer son contrat à la télévision et avec l'arrivée du printemps, nous avons convenu qu'il viendrait chez moi. Pour que l'appartement soit impeccable, je me suis transformée en femme de ménage. J'ai même repeint ma chambre, la trouvant trop défraîchie. Je souhaitais la rafraîchir avant de lui offrir un cadre agréable pour nos moments d'intimité.

Quelques jours avant la date fatidique, je crus apercevoir une petite proéminence sur ma lèvre inférieure. Un peu plus tard, elle avait grossi. J'espérais que ce n'était pas ce que j'appréhendais, mais avec le temps, je ne pouvais plus le nier : c'était un feu sauvage. Ce monstrueux virus s'était emparé de moi à l'âge de huit ans et surgissait depuis de temps à autre. Une catastrophe nucléaire n'aurait pas été plus destructrice. Il était hors de question que je me présente à cet homme avec cette laideur sur ma bouche. Incapable de trouver un mensonge pour reporter la date de notre rencontre, je me trouvais alors dans une profonde impasse. Il ne restait que trois jours. Je me lançai alors dans des exercices ésotériques pour guérir le plus rapidement possible. Je me couchais sur mon lit avec un onguent que j'appliquais sans cesse sur ma lèvre, tout en réalisant des incantations. Par chance, la guérison fut très rapide.

J'avais très hâte au moment tant espéré : notre rencontre. Mais, la veille du rendez-vous, Nicolas m'écrivit pour me dire qu'il ne pourrait pas se présenter. Il expliquait qu'il craignait que cette rencontre nous laisse tous les deux blessés. Son message eut l'effet d'une douche acide. La douleur était encore plus intense que lors de ma rupture avec mon ancien amoureux. En plus de représenter pour moi une figure paternelle affectueuse, cet homme incarnait tout ce que je n'osais être et symbolisait un fantasme sexuel extraordinaire ! La peine fut d'une profondeur terrible. Mon mécanisme de défense, l'intellectualisation, dut rapidement prendre le dessus pour préserver mon équilibre psychologique. Il est encore plus difficile de faire le deuil quand l'objet de notre amour est une personnalité publique, vue fréquemment à la télévision et adorée par tous. Peut-être avait-il voulu me protéger, en sachant que les journalistes auraient pu faire de moi une proie médiatique, s'acharnant sur l'identité de cette mystérieuse muse ? Je conservai notre correspondance dans un endroit sûr, au cas où il déciderait de tout nier, et pour garder un souvenir de notre communication virtuelle.

Par la suite, je reçus une demande d'amitié sur Facebook d'une personne au profil plutôt énigmatique. Ce profil, sans photo, avait été créé quelques heures seulement avant que l'utilisateur ne m'envoie sa demande. Son courriel, jesuisceluiquetuveuxrencontrer@hotmail.com, semblait avoir été choisie pour susciter ma curiosité.

J'acceptai sa demande, trop intriguée de connaître l'utilisateur de ce profil. Je m'étais même imaginée que Nicolas Montminy pourrait être derrière ce compte intrigant. Comme il était comédien, il avait l'habitude d'incarner des personnages et de se cacher derrière des rôles. Dès le premier jour, nous n'avions correspondu que quelques minutes, mais je remarquai déjà beaucoup de similitudes avec Nicolas. Après quelques mois de correspondance avec ce mystérieux inconnu, j'étais désormais convaincue que c'était lui. Son intelligence et sa sensibilité, les références qu'il donnait, les thématiques auxquelles il s'intéressait, ses expressions, étaient exactement les mêmes.

Après une année de correspondances, je commençai à créer de petites vidéos de moi-même que je lui transmettais par courriel. Dans ces vidéos, la transparence envahissait chacune des cellules de mon corps pour mieux révéler mon intérieur. Il n'y avait aucun ombrage sur qui j'étais. Je n'avais jamais été autant Annabelle Montminy que dans ces moments privilégiés. Au début, cela me demanda énormément de courage, car la petite caméra m'intimidait. Elle était l'équivalent d'un surmoi rempli d'autocritiques et de jugements, qui me scrutait sans cesse. J'appréhendais quelque peu la réaction de mon correspondant ; finalement, elle fut très positive. Il m'encourageait fortement à continuer de produire ces vidéos touchantes où je racontais quelques anecdotes, montrant progressivement toute ma folie que j'osais enfin laisser sortir. Dans ces vidéos, on voyait des pleurs, des manies, des conflits intérieurs et des rires incontrôlés, le tout formant un mélange déconcertant d'émotions.

À cette époque, Nicolas avait commencé une nouvelle émission de télévision, remplie de scènes humoristiques. C'est à ce moment précis que je sus, sans l'ombre d'un doute, que le profil mystérieux était indéniablement celui de Nicolas Montminy. Plusieurs scènes s'étaient littéralement inspirées de mes petites vidéos, surtout les plus humoristiques. En vérité, cela ne m'étonnait guère, car lorsqu'il correspondait avec moi sous sa véritable identité, il s'inspirait également de mes publications Facebook. Cette immense fierté de savoir que j'étais sa muse secrète m'encourageait à poursuivre mes créations visuelles, m'aidant ainsi à me dépasser et à surmonter mes peurs. Même sans contact direct avec l'objet de mon amour, cette aventure singulière était profondément romantique et touchante. Je savais que cet homme mystérieux savait que je connaissais sa véritable identité, mais nous continuions à jouer le jeu de l'ignorance mutuelle. Pendant les deux années de diffusion de cette émission, j'étais restée son inspiratrice. Même après la fin de l'émission, je continuais à lui partager mon monde intérieur en audiovisuel, et nous restions en contact de temps à autre.

De plus en plus, je caressais le rêve de le rencontrer enfin. Cette fois, j'avais bon espoir qu'il ne se désisterait pas à la dernière minute. Je souhaitais qu'il parvienne à surmonter ses peurs pour retrouver cette pureté et cette candeur amoureuse qu'il semblait avoir perdues avec le temps, et que je voulais lui offrir à nouveau. J'aspirais également à déménager dans une grande ville comme Montréal, où mon hédonisme pourrait se réjouir des saveurs multiethniques et où mon esprit curieux s'exalterait devant la richesse culturelle que les grandes villes offrent.

Sachant que Nicolas habitait près de Montréal, j'imaginais avec jubilation que nos deux corps pourraient aussi bien se frôler lors d'une rencontre inopinée, dans un endroit aussi quelconque qu'inattendu.

Ce projet de déménagement prenait de plus en plus de place dans mon esprit et se concrétisa finalement l'année suivante. L'une des principales raisons qui m'avaient motivée était de sortir de ma petite bulle de solitude en me rapprochant de mes deux meilleurs amis, mais j'avais encore en tête ce désir de rencontrer mon amour impossible. Une fois arrivée à destination, je réalisai à quel point je n'avais jamais développé mon sens de l'orientation. À chacun de mes rendez-vous, je me perdais, tournant en rond pendant plusieurs minutes.

Un jour, alors que je tentais encore de retrouver mes repères dans cette grande ville, je vis soudain Nicolas Montminy sur une immense affiche, faisant la promotion d'une pièce de théâtre dans laquelle il allait jouer. Ce fut comme si mon destin voulait me faire comprendre que mon unique repère était cet homme et que je devais le suivre. En vérité, je n'avais jamais accordé beaucoup d'importance aux signes du destin. J'ignorais si j'y croyais réellement, mais dans ce cas-ci, c'était agréable de l'imaginer.

À chaque fois que je sortais de chez moi, je ressentais un mélange de désir et d'angoisse à l'idée de le rencontrer à l'improviste. Ma réaction serait-elle démesurée ? Étais-je susceptible d'être envahie de larmes de bonheur, ou bien le choc pourrait-il me faire perdre connaissance, ou encore me laisser les jambes flageolantes ? Se pouvait-il que mon contrôle sur le syndrome de Tourette fléchisse, me rendant ridiculement incontrôlable avec de monstrueuses grimaces ? Sa réaction face à une femme aussi étrange serait sans doute plus perplexe qu'intéressée. Ainsi, à chaque sortie, je tentais de protéger mon syndrome avec des défenses psychiques, renforçant la dichotomie entre l'Annabelle publique et l'Annabelle privée.

Après plusieurs semaines, je compris que si je voulais réellement le rencontrer, je ne pouvais pas me fier uniquement au hasard, au risque de passer le reste de ma vie à l'attendre. Je décidai alors d'aller à sa rencontre lors de la dernière représentation de sa pièce de théâtre.

Je tenais à assister à la dernière représentation pour qu'il me voie, naïvement, comme une récompense pour ses efforts. Je sentais déjà une grande nervosité m'envahir. Le jour tant attendu, je me rendis avec beaucoup de courage au théâtre. La veille, j'avais pris soin d'écrire à mon mystérieux profil - alias Nicolas Montminy - pour m'annoncer de manière indirecte. Je continuais à jouer le jeu de l'ignorance, lui écrivant que j'avais rêvé de lui, que dans ce rêve, il était spectateur dans cette même pièce de théâtre, et que ce rêve était prémonitoire. Nous savions tous les deux que cette histoire n'était qu'une invention, un prétexte pour dévoiler mes véritables intentions sous une couverture de fantaisie. Je lui avais aussi précisé, pour qu'il me reconnaisse rapidement, que je porterais une tenue entièrement blanche, symbolisant une pureté angélique.

À l'accueil du théâtre, un homme m'informa que Nicolas pourrait sortir par l'une ou l'autre des deux portes situées aux extrémités opposées. La seule manière d'avoir une vue sur les deux était de me placer en face de la sortie de la salle de spectacle, où toute la foule passait. Dans l'espoir de le voir sortir par l'une ou l'autre des portes, je m'étais donc installée, telle une sentinelle, perdue parmi les spectateurs qui débordaient. Cela devait être assez étrange de me voir figée ainsi, tournant sans cesse la tête de gauche à droite et de droite à gauche. Après le départ de toute la foule, le gardien avec qui j'avais parlé me fit signe de le suivre vers les loges. Cette offre était aussi excitante que de gagner plusieurs millions à la loterie.

Mon excitation atteignit son paroxysme, mes neurones semblant se heurter dans une série de collisions mortelles. Heureusement, il me restait encore suffisamment de vivacité d'esprit pour me préparer à rencontrer mon amour, ce cher et mystérieux « inconnu connu ». Finalement, je l'aperçus dans sa loge, en pleine conversation avec plusieurs admirateurs. Une vague de gêne me saisit, me poussant à faire un réflexe de recul. Cependant, ma détermination à le rencontrer surpassa rapidement mon malaise.

Je le vis alors détacher son regard de ses interlocuteurs pour le diriger doucement vers nous. J'étais là, dans ma tenue immaculée, entre deux hommes que je ne connaissais pas. Étonnamment, il fixa d'abord l'homme à ma gauche, puis celui à ma droite, visiblement perdu et incertain quant à la personne qu'il devait réellement regarder. Je n'avais jamais vu un regard aussi hésitant, éparpillé, presque effrayé. Un peu comme un vampire qui meurt en regardant une croix, il craignait peut-être d'en être l'équivalent par sa perversité psychologique, et risquait de mourir en regardant le trop-plein de blancheur et de pureté que je représentais pour lui. Il ne pouvait plus maintenir son aveuglement volontaire, ni se cacher derrière son personnage sur Facebook, car j'étais là, devant lui, et il ne pouvait plus fuir. Alors, il osa enfin croiser mon regard. Il était encore avec son groupe, tandis que nous nous trouvions à quelques mètres de lui. Dès qu'il posa les yeux sur moi, je remarquai un changement significatif dans son attitude envers les personnes qui l'entouraient. Avant de me voir, il était serein et parlait calmement.

Après avoir remarqué ma présence, il commença à parler rapidement, manifestant une agitation corporelle palpable. En sachant que j'étais plus loin, en train de l'observer, il prétexta à deux reprises qu'il avait faim et devait partir. Lorsqu'il prit la mauvaise direction, celle qui était à l'opposé de la mienne, je me sentis comme une guéparde prête à bondir pour attraper sa proie en fuite. Cette pulsion féline ne dura que quelques secondes, le temps que le groupe se disperse. Il revint alors sur ses pas, cette fois dans ma direction. À son arrivée près de moi, je me reculais pour laisser les deux hommes qui m'accompagnaient se présenter à lui. Je voulais être la dernière à lui parler.

Lorsque ce fut finalement mon tour, nos regards se rencontrèrent avec tendresse, et nos âmes semblèrent s'accorder sur le même diapason. Nous nous comprenions sans avoir besoin de mots. Nous passâmes plusieurs secondes à nous regarder ainsi, savourant ensemble ce moment tant attendu. Je présume que ce fut difficile pour lui, car il devait feindre de ne pas savoir que je savais qu'il était le mystérieux profil avec lequel j'avais correspondu de temps à autre pendant près de quatre ans. Il choisit donc de montrer qu'il se souvenait de moi uniquement à l'époque où il correspondait sous son vrai nom, quelques années auparavant. Il jouait son rôle de comédien à la perfection. Cependant, je pouvais lire dans ses yeux une prise de conscience de la déception que je ressentais. J'aurais tant espéré qu'il soit totalement authentique.

Après quelques minutes, les deux hommes partirent, et il ne resta que lui et moi dans sa loge. Spontanément, je lui confiai que je me sentais mal à l'aise, ne sachant pas comment être avec lui. Je lui demandai pourquoi il ne reconnaissait pas être le mystérieux profil Facebook. Il feignit l'étonnement, bien qu'il savait que je ne le trouvais pas crédible. Je ressentis une gêne à l'idée de l'avoir mis mal à l'aise avec une vérité qu'il ne voulait pas admettre. Dans l'espoir d'apaiser la tension que j'avais créée, je posai ma main sur sa poitrine, un geste spontané qui pouvait aussi être une manie liée à mon syndrome, car j'avais souvent besoin de toucher des objets. À ma grande surprise, dès qu'il vit ma main, il la saisit doucement et lui donna un tendre baiser. Ce geste fit fondre mon armure émotionnelle. Nous fûmes incapables de nous lâcher la main, tant il était agréable de nous toucher enfin. J'étais étonnée de constater à quel point sa peau était douce. C'était peut-être une caractéristique familiale, car on m'avait toujours dit que ma propre peau était la plus douce au monde. Cette fusion de douceur était euphorisante. De plus, nous nous complimentâmes sur notre odeur, confirmant une compatibilité phéromonale indéniable. Contrairement aux admirateurs qui devaient souvent l'accaparer, je partis rapidement, souhaitant qu'il se sente libre. Il me dit qu'il allait m'appeler ou m'écrire. Malgré la mauvaise expérience passée où il avait changé d'avis à la dernière minute, je choisis d'oublier mes doutes et de profiter du moment présent.

Durant le trajet en autobus vers chez moi, je fus envahie par une euphorie si intense qu'elle me causa une paralysie faciale subite : je ne pouvais m'empêcher de sourire. Toutes mes craintes habituelles en société semblaient avoir disparu. Les regards des passants, leurs jugements ou leurs observations m'étaient devenus totalement indifférents. Non seulement j'étais plongée dans un état d'euphorie amoureuse, mais je ressentais aussi une grande fierté personnelle, ayant réussi à dépasser mes peurs pour enfin le rencontrer.

Au cours de la soirée, il m'a contactée sur Facebook, cette fois sous son vrai nom. Il exprimait sa joie de m'avoir rencontrée en personne et avoua que, s'il ne s'était pas retenu, il aurait voulu faire bien plus que me donner un simple baiser sur la main. Nous avons échangé pendant plusieurs heures, remplis de passion et de désir. Il m'a invitée à le rejoindre chez lui après son voyage d'une semaine. Bien que je me sois sentie trop gênée pour accepter, je lui ai proposé de venir chez moi à son retour, ce qu'il a accepté avec enthousiasme.

Nous attendions tous les deux ce moment avec une impatience grandissante, désireux de partager notre sensualité, notre plaisir et cette fusion parfaite entre les corps et les esprits. Cette semaine fut la plus belle de ma vie. Aucune dose d'héroïne, aussi intense soit-elle, n'aurait pu rivaliser avec l'ivresse amoureuse que je ressentais. J'étais convaincue qu'il oserait enfin venir chez moi, maintenant que notre rencontre s'était révélée si prometteuse. Ce que j'ignorais, c'est que derrière cette grande euphorie se cachait un petit diable manipulant mon destin à sa guise, prenant un plaisir pervers à me faire vivre des moments d'extase pour mieux me plonger ensuite dans l'enfer. Une fois de plus, le destin chaotique se déchaînait contre moi. Comme il y a quatre ans, à la toute dernière minute, il changea d'avis. Les raisons invoquées pour justifier son désistement formaient un enchevêtrement d'excuses confuses. L'euphorie que j'avais ressentie jusqu'à son paroxysme se transforma en une souffrance accablante.

Le choc de cette chute brutale en enfer fut si traumatisant que je sentis mon âme se briser en heurtant le sol de la dure réalité. Le plus difficile était de ne pas connaître les véritables raisons de ce changement d'attitude soudain. Peut-être voulait-il, cette fois-ci, me protéger de lui-même, de sa tendance insidieuse à détruire ceux qu'il aimait ? C'en était trop ! Après toutes ces années de fantasmes, de correspondances et d'espoirs, il y avait eu trop de mystères, de secrets et d'incohérences dans cette relation si atypique.

Quelques jours plus tard, je reçus un message du mystérieux profil Facebook, alias Nicolas Montminy. Dans ce message, il se permit soudain de dévoiler ses peurs et ses insécurités, sans craindre les conséquences, grâce à l'anonymat que ce profil lui offrait. Il savait qu'il m'était impossible de prouver hors de tout doute son identité, bénéficiant ainsi de l'ouverture à la transparence et à l'authenticité que je lui offrais. Autrement dit, il avait besoin de cette fausseté pour se montrer tel qu'il était réellement. Je supposai que cette dualité était souvent présente chez les comédiens. Dans son message, il exprimait une inquiétude persistante, affirmant qu'en dehors du virtuel, il demeurait inquiet car il savait que je percevais ses véritables émotions. Bien qu'il ait l'habitude de masquer son odeur avec des parfums sophistiqués, il était conscient que je pouvais sentir au-delà de ces fragrances synthétiques, captant cette odeur d'âme qu'il savait si bien dissimuler.

Certaines personnes affirmaient que j'étais incapable d'être fausse, que j'étais une lampe de poche à vérités. Ces compliments m'enchantaient, mais ils pouvaient aussi se révéler être des défauts. Je pensais que Nicolas, en tant que comédien habile à masquer sa véritable nature avec une extravagance soigneusement élaborée, était probablement déstabilisé en ma présence, car je percevais directement ce qu'il dissimulait au plus profond de son âme. De plus, j'étais probablement son âme sœur, comme il l'avait parfois mentionné dans nos échanges. D'une certaine manière, je devais lui apparaître comme une figure monstrueuse, malgré la beauté qu'il me reconnaissait, car il savait que je pouvais voir à travers ses artifices et que mes yeux reflétaient peut-être sa propre laideur intérieure.

En effet, j'étais obsédée par la vérité. Voir quelqu'un déformer la réalité pour se rendre plus intéressant m'agaçait profondément. Par politesse, je préférais me taire, car personne n'aime se faire corriger. Avec Nicolas Montminy, mon amour pour lui déformait ma perception de ses mensonges, les rendant presque séduisants. C'était comme si ses défauts accentuaient ses grandes qualités. Ce que j'entrevoyais en lui me fascinait. Il semblait incarner à la fois le Dr Jekyll et M. Hyde, un être sans limites dans ses pulsions, ses sentiments et ses comportements.

Il est difficile de se faire une opinion juste et éclairée, ainsi que le bon choix qui en découle, lorsqu'une personne envoie des messages contradictoires. D'un côté, il y avait Nicolas Montminy, pris de panique à l'idée de me revoir, et d'un autre côté il y avait encore lui, mais caché sous son pseudonyme, et me démontrant qu'il tenait à moi. Ce n'était pas la première fois qu'une personne à laquelle je m'intéressais communiquait avec moi en passant par un personnage fictif. La première fois, le personnage inventé était une femme. Je trouvais cette situation amusante, car je savais que derrière ce personnage se cachait un jeune homme avec lequel je voulais me lier d'amitié. Au départ, il n'était qu'une simple connaissance, et dans le but de se protéger, il avait trouvé cette manière détournée de me connaître avant d'entrer définitivement dans ma vie. Un jour, je lui dis que je savais que c'était lui, et il m'avoua alors la vérité. Nous restâmes de bons amis par la suite. Cet ami n'avait rien à perdre en avouant la vérité, contrairement à Nicolas Montminy qui cachait beaucoup de choses tout en étant un personnage public. En général, plus une détient du pouvoir, plus elle a l'ego aussi gonflé qu'une montgolfière, ce qui prend beaucoup de place.

Je commençais à croire que je serais probablement plus comblée en amour avec un itinérant, car souvent, ces personnes échangent leur ego contre un grand cœur. Les reportages montrent fréquemment des actes de pure générosité de la part des personnes sans abri, qui se révèlent souvent admirables dans leur anonymat, contrairement à de nombreuses personnalités publiques constamment adulées. Ironiquement, ce sont les itinérants au grand cœur qui subissent le mépris. Beaucoup sont devenus itinérants en raison de divers problèmes mentaux, mais nombreux sont ceux qui n'ont pas perdu leur profonde bonté. J'ai l'habitude d'offrir mes plus beaux et sincères sourires aux itinérants que je croise, dans l'espoir de leur apporter une étincelle de réconfort. Un jour, l'un d'eux me demanda de la monnaie ; n'en ayant pas sur moi, je lui répondis avec sincérité et empathie que j'étais désolée. Je le regardai droit dans les yeux avec beaucoup de tendresse, et il se mit alors à pleurer à chaudes larmes.

Je sentais son âme crier à l'aide. Il continua à pleurer alors que j'étais rendue à plusieurs mètres de lui, ce qui me confirmait sa sincérité.

Comme j'étais dans une profonde incompréhension sur les réelles intentions de Nicolas à mon égard, cela me rendait de plus en plus cynique à l'égard de l'amour. Je m'interrogeais à savoir si la solitude allait m'être assignée pour le restant de mes jours. Peut-être que mon destin souhaitait me faire comprendre que pour me protéger dans toutes mes vulnérabilités, je devais demeurer seule. Car, les stimuli amoureux pourraient être d'une intensité si forte dans mon cerveau chaotique, qu'il y aurait des risques neurologiques ou psychiatriques. L'une des raisons pour lesquelles j'aurais préféré être un homme est que la plupart d'entre eux sont capables de désirer une femme sans nécessairement ressentir un sentiment amoureux envers elle. Tandis que moi, j'étais incapable de désirer un homme si je ne ressentais pas de sentiment amoureux envers lui. Puisque l'amour ne se commande pas et que j'en éprouvais encore malgré tout, vis-à-vis de mon amour chimérique, il m'était alors impossible de désirer qui que ce soit d'autre.

Toute cette confusion ne faisait que renforcer ma conviction que je n'étais compatible qu'avec la solitude. Ma seule alternative était de faire de la solitude ma grande complice. Lorsque j'étais enfant, elle s'était présentée à la porte de ma chambre et m'avait demandé si elle pouvait entrer. Je me rappelle l'avoir trouvée très jolie, avec ses longs cheveux blonds dorés, ses grands yeux verts et son sourire si affectueux. Je l'avais alors prise pour une fée magique qui me délivrerait de mes peurs et réaliserait tous mes désirs. J'avais accepté de la laisser entrer pour faire connaissance. Elle était la seule avec laquelle je pouvais parler à cœur ouvert, car contrairement aux membres de ma famille, auprès desquels je devais me conformer à leurs attentes et préférences, avec la solitude, je pouvais être moi-même. Je sentais qu'elle m'acceptait telle que j'étais, sans jugement ni critique. Avec elle, il n'y avait aucun risque de rejet. Je m'étais tellement attachée à elle que j'avais besoin de sentir sa présence partout où j'étais, car elle me rassurait. Elle me suivait même à l'école, ce qui expliquait peut-être pourquoi je n'avais pas tendance à aller vers les autres. J'avais déjà la solitude sous les traits d'une fée qui m'accompagnait, et cela me suffisait. En vieillissant, je compris que cette fée n'était qu'une illusion. Cependant, à l'âge adulte, la solitude continuait de m'accompagner partout. Même en bonne compagnie, elle était présente, me déconcentrant et m'empêchant d'être totalement attentive à l'autre.

Il était possible que le destin me contraignît à faire un choix entre Nicolas Montminy et ma compagne de longue date, cette chère solitude qui m'avait tant réconfortée durant mes moments d'angoisse. Le choix était difficile, car j'ignorais lequel de l'amour ou de la solitude était fait pour moi. Cependant, si mon choix devait se porter sur Nicolas, la solitude pourrait encore me tenir compagnie, mais avec parcimonie, car sa présence resterait essentielle à ma santé mentale. Après réflexion, je décidai de rester avec ma complice de toujours, car de toute manière, les chances que Nicolas accepte de confronter ses peurs avec moi semblaient plutôt minces. Il avait sans doute aperçu la solitude rôdant autour de moi lorsque nous nous sommes rencontrés, et cela avait probablement exacerbé ses propres insécurités à mon égard.

Beaucoup de personnes savent, au fond d'elles-mêmes, qu'elles quitteraient leur partenaire actuel si elles trouvaient mieux ailleurs, ne vivant ainsi leur relation amoureuse qu'à moitié. Je vivais ce genre de relation avec la solitude. Elle était insatisfaisante, car mon esprit était en quête perpétuelle, utilisant la solitude comme une béquille réconfortante. Cependant, avec un partenaire avec qui je me sentirais comblée, j'apprécierais davantage la solitude lorsqu'elle se manifesterait. Nous aurions alors beaucoup d'anecdotes à nous raconter…

Si nous pouvions contrôler l'amour, il serait plus facile de faire les meilleurs choix pour nous. Mais comme l'amour est une petite bête sauvage qui s'enfuit au moindre bruit, nous nous contentons parfois de compromis. J'étais condamnée à une éternelle insatisfaction, mais j'étais également très douée pour m'illusionner à travers mes rêveries et mes gourmandises, me donnant ainsi une impression de satiété psychologique. Mes pensées et mes fantasmes tourbillonnaient à toute vitesse, mes papilles gustatives s'excitaient à la moindre vue d'un dessert, mon sens du toucher me procurait des plaisirs lubriques en solitaire, et mon intellect me stimulait continuellement. Tout cet enchevêtrement des

sens et de la pensée me permettait de diminuer ma profonde insatisfaction.

Cela faisait plusieurs années que je n'avais eu aucun contact sexuel
avec un homme, et la mémoire sexuelle de mon corps s'était progressivement estompée. J'avais perdu de l'intérêt pour l'amour physique, non
seulement parce que j'avais oublié le plaisir que l'acte sexuel procure,
mais aussi parce que j'en avais perdu l'habitude. Celui-ci avait été rem-
placé par d'autres habitudes, comme l'intellectualisation et la rêverie,
pour combler une pulsion sexuelle inhibée. Les souvenirs inscrits dans
mon corps et mon esprit étaient devenus insignifiants, car je n'avais jamais connu cet abandon total en amour que je souhaitais ardemment
vivre un jour, malgré le fait que j'avais choisi la solitude comme compagne.

Je m'étais construit une armure de cynisme envers l'amour pour protéger mon cœur échaudé. Comme beaucoup, je trouvais presque une
satisfaction malsaine dans les échecs amoureux des autres. Leur misère
renforçait ma conviction que la solitude était une solution saine, ce qui
me réconfortait dans ma propre solitude. Ainsi, je me berçais d'illusions
dans ma relation avec elle, me persuadant qu'elle était faite pour moi et
qu'elle pouvait me rendre heureuse. Si la solitude avait pu se matériali-
ser, nous nous serions probablement échangé des bagues de fiançailles,
que nous aurions fièrement arborées au doigt. Cependant, j'aurais été
embarrassée si quelqu'un dans mon entourage m'avait demandé avec
qui j'étais fiancée.

XIV

Un homme asiatique

Avec le temps, j'ai eu envie d'aller voir ailleurs, car ma compagne pouvait parfois être très envahissante. J'avais encore Nicolas Montminy dans mon cœur. Malheureusement, tous les autres Occidentaux ne m'intéressaient pas. Il était possible que mon inconscient ait procédé de la même manière qu'après la mort de mon premier grand amour de petite fille, ma chatte Puce. J'avais été incapable d'aimer à nouveau une autre chatte. Néanmoins, mon inconscient m'avait permis d'aimer à nouveau, mais uniquement une chienne, donc une tout autre catégorie d'animal. Je devais alors reproduire ce même phénomène dans le contexte amoureux, en essayant d'aimer un homme d'une autre nationalité. Je pensai aux Asiatiques, car j'avais toujours eu une grande attirance pour l'Asie. Peut-être qu'avec un Asiatique, ce serait le même schéma que pour la chienne que j'avais aimée après Puce ? Un amour moins grand, moins profond, mais un amour tout de même ?

Dans l'appartement où je vivais, l'alarme incendie se déclenchait en moyenne une fois par mois, souvent pour des raisons insignifiantes. Un jour, alors qu'elle s'était encore déclenchée, je sortis de mon appartement pour attendre les pompiers à l'entrée de l'immeuble. C'est ainsi que je fis la connaissance d'un nouveau locataire, un Asiatique très mignon. Je lui montrai une brûlure récente sur mon bras, résultat d'un accident quelques jours auparavant. Lorsqu'il s'approcha pour mieux voir, je ressentis un élan de désir soudain et inavoué de sa part. Je le trouvais également attirant, bien que je ne m'en rendisse pas encore compte à ce moment-là

Ce n'est que quelques semaines plus tard, que je réalisais que je le voulais dans ma vie pour qu'il puisse être le prolongement symbolique de la chienne que j'avais réussi à aimer après la mort de Puce, alias la mort symbolique de Nicolas Montminy. Ne connaissant pas son nom et étant trop timide pour frapper à sa porte, j'espérais le recroiser en sortant de l'immeuble ou en allant vérifier mon courrier. À mon grand désespoir, nous ne nous sommes jamais revus.

Alors, j'eus l'idée de déclencher l'alarme incendie dans l'espoir de le revoir à l'entrée de l'immeuble, là où nous nous étions rencontrés pour la première fois. De cette manière, je risquais moins de le déranger inopinément chez lui et il ne pourrait pas deviner que j'étais à l'origine de cette fausse alarme. Notre deuxième rencontre paraîtrait aussi naturelle et spontanée que la première. Cependant, la peur des conséquences prit le dessus et je ne mis rien en œuvre. Finalement, ce cher Asiatique ne serait pas le remède à mes blessures émotionnelles. De plus, je ne savais rien de lui. Était-il un criminel dans son pays d'origine ? Un violeur, un pédophile, un nécrophile ? Ces troubles sont difficiles à admettre, et il était peu probable qu'il les avoue. Quoi qu'il en soit, je souhaitais éperdument revoir cet homme. Ainsi, chaque fois que je prenais l'autobus, j'observais tous les Asiatiques dans l'espoir de reconnaître le mien. Malheureusement, étant donné que je trouvais tous les Asiatiques semblables et que ma mémoire des visages n'était pas très fiable, je ne réussis jamais à le retrouver. J'espérais cependant que, si je tombais sur lui, il me reconnaîtrait.

Un jour, alors que je faisais la file au supermarché, je repérai un Asiatique qui ressemblait étrangement à mon voisin. Mon esprit était tellement absorbé par cette ressemblance que mes capacités motrices en furent affectées, et je fis une gaffe monumentale : un pot de miel de fleurs sauvages tomba de mes mains. Une honte écrasante envahit chaque fibre de mon être, au point où ma respiration et mon rythme cardiaque se firent laborieux. Les regards réprobateurs des autres clients exacerbaient ma gêne. À ce moment, mon syndrome de Gilles de la Tourette semblait tenter de s'affranchir de mon contrôle absolu. Ce fut un combat intense entre mon syndrome et mon contrôle, un combat si violent qu'il détruisit probablement plusieurs millions de neurones dans mon cerveau. Je me sentis complètement épuisée après cet incident.

Un soir, alors que j'étais dans un autobus bondé de monde, je me surpris à espérer être en contact avec un homme qui souffrait de la paraphilie, le frotteurisme. Ces personnes recherchent un contact physique avec d'autres non consentantes, dans des endroits publics, dans l'espoir d'en retirer une certaine satisfaction sexuelle[7]. J'étais debout avec mes petits souliers à talons aiguilles, tenant fermement le poteau pour ne pas tomber. Je regardai qui se trouvait derrière moi, et c'était un Asiatique. Non, ce n'était pas mon voisin, mais pour moi c'était tout comme. Afin de se tenir, il avait le bras appuyé sur le poteau devant moi, l'obligeant ainsi un contact physique direct avec l'arrière de ma tête. Je sentais ma chevelure sur son bras. Le contact était minime, néanmoins réconfortant dans ma chasteté absolue. Je fis exprès pour que ma tête demeure dans la même position afin que le contact persiste. Je souhaitais que de manière subtile, son effleurement se dirige sur d'autres parties de mon corps. De son côté, il paraissait absorbé par la lecture d'un livre. C'était tout de même assez pathétique de constater que la solitude m'amenait à apprécier un si minime contact physique avec un parfait inconnu, sans même qu'il en fut conscient. Ainsi, je sympathisais avec les hommes et les femmes qui souffraient de cette paraphilie. Parce que derrière ce comportement se cache un gouffre de solitude et de manque de chaleur humaine.

Quelques semaines plus tard, alors que je me retrouvais à nouveau dans un autobus bondé, j'entendis un Asiatique produire une gigantesque flatulence, sans la moindre gêne. Non seulement il ne tentait pas de se retenir, mais il semblait faire exprès de relever ses fesses pour laisser passer le gaz. Éprouvait-il un plaisir sadique à nous empester ? Je n'en suis pas certaine, mais il avait l'air assez fier de lui. En sortant de l'autobus à la station de métro, je vis cet être à la pudeur inexistante me suivre avec insistance. Que me voulait-il ? Sa flatulence gargantuesque ne lui suffisait-elle donc pas ? Lorsqu'il arriva à mes côtés, il me complimenta en disant qu'il me trouvait très sexy avec mes jolies

---

[7] *Dictionnaire français.* (s.d.). Récupéré sur L'Internaute: http://www.linternaute.com/dictionnaire/fr/definition/frotteurisme

bottes argentées. Ces paroles flattèrent mon ego, mais perturbèrent mon odorat, car son haleine était tout aussi désagréable, sinon pire, que son gaz. Cet Asiatique avait définitivement dissipé l'intérêt que j'avais pour eux, et avec lui, s'envolait la chance de trouver un réconfort pour ma solitude et d'échapper à mon monde imaginaire.

Avec le temps, je constatais que plus je réprimais mes pulsions sexuelles—en raison de l'absence d'un homme que j'aimerais et désirais réellement—plus mon syndrome devenait envahissant. Je me retrouvais ainsi dans un cercle vicieux difficile à rompre. L'envahissement par mes tics et obsessions réduisait légèrement mon désir sexuel. Je craignais alors de devenir moins attirée par un partenaire potentiel, mais para-doxalement, ce partenaire aurait été le meilleur exutoire pour apaiser mon syndrome. Je réalisais à quel point tout était interconnecté en moi. Mon syndrome se manifestait plus intensément lorsque je vivais beau-coup de stress, mais en inhibant mes pulsions sexuelles, j'empêchais également mon stress de s'évacuer. J'étais condamnée à rester envahie par ce syndrome.

Il était devenu impératif que je brise ce cercle vicieux neurologique. Tout d'abord, il me fallait dépasser cette dualité femme-enfant et renon-cer à ce désir inconscient d'être une petite fille charmante en quête d'un père affectueux. Je devais cesser de nourrir le besoin de ma mère de me voir encore comme une petite fille. Il était important de lui faire com-prendre qu'elle continuerait à être précieuse pour moi, même si j'aspi-rais à devenir une femme accomplie et autonome.

Après quelques mois d'introspection, j'avais réussi à me détacher en grande partie de la petite fille immature qui entravait ma confiance en moi. J'avais également fait le deuil du père affectueux que j'avais es-péré. Je me sentais prête à vivre une relation amoureuse saine et équili-brée avec un homme qui m'aimerait pour la femme que j'étais devenue.

Étant donné toutes ces années de répressions sexuelles causées par mon syndrome, ma prochaine expérience amoureuse risquait de s'avérer explosive.

Avec le temps, mes pulsions sexuelles inhibées s'étaient amplifiées, me transformant en une véritable bombe à retardement sans même que j'en sois consciente. Seul l'amour pourrait en être le détonateur, et j'osais encore espérer le trouver.

Je devais donc provoquer à nouveau mon destin amoureux pour trouver un équilibre. Pour ce faire, je devais rencontrer Nicolas une fois de plus, en espérant qu'il serait enfin courageux et prêt à affronter ses propres peurs. J'étais convaincue qu'il était destiné à m'offrir le grand plaisir amoureux et l'abandon total que je recherchais. J'étais sa muse, son âme sœur, son alter ego, et lui était un grand amour capable de me transcender en éliminant mes blocages psychologiques. Je me sentais comme une petite vierge sauvage attendant de rencontrer son maître pour être apprivoisée et initiée. Mon imaginaire amoureux était saturé, et mon corps avait un besoin impératif de passer à l'acte.

Nicolas Montminy devait donner une conférence au Bistro de la Cinémathèque. J'espérais ardemment qu'il y ait une suite à notre première rencontre, si merveilleuse. Arrivée au Bistro, j'étais toute fébrile à l'idée de le revoir. Mélissa, qui m'avait accompagnée, l'avait repéré en premier. Je m'approchai du bar en feignant une hésitation devant le choix des boissons. En réalité, je détestais l'alcool et savais que je n'en prendrais pas ; c'était une tactique pour me retrouver face à lui. Alors que je feignais cette indécision, je sentis un postérieur me donner un puissant coup sur le derrière. Quelle étrange sensation ! En me retournant, je découvris que cette pseudo maladresse provenait de Nicolas Montminy. De toute évidence, lui aussi avait calculé son geste. Nous étions deux excellents stratèges amoureux. Il me donna deux baisers : l'un sur la joue et l'autre sur les lèvres. J'adorai ! Il repartit aussitôt pour se préparer. Après sa conférence, il se trouvait au fond de la salle, entouré de quelques admirateurs. J'attendis un moment, puis je fis quelques pas vers lui. Mais un obstacle persistait : une dame ne cessait de l'accaparer avec ses commentaires futiles. Je me plaçai juste en face de lui, demeurant parfaitement silencieuse, espérant que la dame le libérerait. Il était clair que Nicolas semblait importuné par elle. Je les observais tous les deux avec un petit sourire en coin, me promettant de ne pas faire la même erreur qu'elle et de rester très brève avec lui.

Alors, après une dizaine de minutes d'attente pour le départ de cette dame, ce fut enfin mon tour. Je demandai à Nicolas si je pouvais utiliser la salle de toilettes près de la scène, parce que l'autre salle était loin et que j'avais vraiment une envie pressante. Je craignais de paraître envahissante, oubliant même de commencer par le saluer et le féliciter. Sa réaction fut à l'image de mon comportement contradictoire. Il me regarda avec des yeux à la fois teintés d'amour et de haine. Il ne faisait aucun doute qu'il était surpris que je ne lui démontre pas un plus grand intérêt.

Ce n'était pas un hasard si je lui avais exprimé mon envie d'uriner. Dans mes vidéos, je lui racontais parfois des anecdotes en lien avec mes envies primaires, pour remarquer ensuite que certaines d'entre elles étaient reproduites dans ses scènes humoristiques à la télévision. De toute évidence, il affectionnait secrètement les femmes évacuant leur nectar doré. Je le quittai donc rapidement et me dirigeai vers la salle de toilette. À ce moment précis, je réalisai que je ne serais probablement jamais plus qu'une muse à ses yeux : car on ne peut aimer une femme qui nous inspire autant. Cela demeure dangereux pour l'équilibre mental. Mon ego préférait croire ceci plutôt que de m'avouer vaincue.

XV

Ma vie sentimentale enflammée

La semaine suivante, à ma grande surprise, l'alarme incendie se déclencha à nouveau. Pensant qu'il s'agissait encore d'une fausse alerte, je décidai de rester dans mon appartement cette fois-ci. En regardant par la fenêtre, je vis plusieurs locataires dans la rue me crier de sortir immédiatement. Je pris alors mon téléphone portable et sortis précipitamment.

Peu après, je fus témoin d'un spectacle dévastateur. Alors que je regardais l'immeuble s'embraser, je tremblais de tous mes membres. Un désir intense de me rapprocher des flammes pour me réchauffer m'envahit. Soudain, le propriétaire de l'immeuble, M. Bellavance, apparut dans mon champ de vision. Je me dirigeai vers lui, continuant de me frotter vigoureusement les bras pour tenter de me réchauffer. En me voyant frissonner de la sorte, Mr Bellavance enleva son manteau et se mit torse nu pour me prêter sa chemise. Ce geste de sa part éveilla en moi une profonde gratitude et une grande tendresse à son égard.

Par la suite, je revis enfin l'Asiatique que je cherchais depuis si longtemps dans toute la ville. Il avait maintenant les cheveux rasés. Je n'étais pas entièrement sûre qu'il s'agissait de la même personne. Je l'observai attentivement, avec les flammes de l'immeuble en arrière-plan. Il me remarqua également. Nous nous regardions, mais il semblait que nous ne nous reconnaissions pas. Peu importe s'il s'agissait bien de lui ou non, mon intérêt avait disparu. Les flammes avaient brûlé mes anciens schémas amoureux. Même Nicolas Montminy me paraissait désormais de moindre importance, car seule ma vie comptait à présent. La gentillesse de M. Bellavance me semblait infiniment plus attirante que la fierté narcissique que je ressentais en étant la muse de Nicolas durant ces dernières années.

Tous les locataires de mon immeuble durent attendre à l'extérieur pendant plusieurs heures, sans aucune nouvelle sur l'état de leurs appartements. Il était clair que nous devions trouver un endroit où passer la nuit. J'appelai un ami pour qu'il vienne me chercher. Je n'avais ni carte d'identité ni argent sur moi, seulement mon téléphone portable. Étant très fière, le fait de ne pas avoir de maquillage me rendait particulièrement anxieuse. Pour moi, avoir mon mascara, mon crayon pour les yeux et mon rouge à lèvres était presque aussi crucial que mes clés et mes cartes d'identité. Sans maquillage, je perdais mon identité, devenant une femme comme les autres, ni trop belle ni trop laide, simplement banale. Je me sentais donc complètement dénudée et vulnérable, dépourvue de mes artifices habituels.

En raison des dégâts majeurs causés par l'incendie dans notre immeuble, tous les locataires durent quitter leurs appartements. Cette situation engendra un stress immense. Avant de trouver un logement permanent, je dus dormir dans quatre endroits différents. Tout d'abord, je passai la nuit dans un hôtel, puis je me rendis chez Mélissa, qui vivait dans un petit appartement avec ses trois chattes. La litière, avec ses odeurs d'urine et d'excréments, était placée juste à côté de l'endroit où je dormais, ce qui compliquait considérablement mon sommeil. Mélissa refusait de déplacer la litière, prétextant que cela désorienterait ses chattes. Pour elle, les chats étaient traités sur un pied d'égalité avec les humains. Il ne manquait pas grand-chose pour qu'elle me demande d'aller faire mes besoins dans sa litière à chat.

Il est vrai que je pouvais parfois être traitée comme une chienne ou une chatte par certaines personnes, mais cela aurait été un peu exagéré ! Cette odeur nauséabonde, combinée au manque de confort et d'intimité, rendait le sommeil presque impossible. Je me réveillais toutes les demi-heures et ne parvenais pas à dormir plus de cinq heures par nuit. Après quelques jours, je commençais à perdre toutes mes défenses psychologiques. J'avais l'impression de ne plus pouvoir distinguer le réel de l'imaginaire.

Durant la journée, j'avais l'impression de dormir à cause de l'épuisement, tandis qu'à la nuit tombée, je n'étais qu'à moitié endormie.

Après une semaine, je trouvai refuge chez un autre ami, un grand cinéphile qui vivait principalement la nuit. Consciente de mon besoin absolu d'intimité, il installa une tente dans son salon pour que je puisse dormir en toute tranquillité, à l'abri des regards inappropriés. Malheureusement, le confort laissait à désirer. Couchée sur un matelas trop mince, je sentais chaque os de mon corps. Mon ami regardait des films jusqu'à quatre heures du matin, et moi, allongée juste derrière son canapé, j'étais incapable de laisser aller les bruits de mes tics habituels. Mon esprit était submergé par les pulsions que je réprimais vigoureusement. Les rares moments où je parvenais à dormir étaient peuplés de rêves où ma tête explosait, projetant du sang jusqu'à son téléviseur pour l'engloutir complètement. Ce chaos mental perturba mes mécanismes de défense les plus solidement ancrés, notamment le contrôle et le refoulement. Je me sentais envahie par mes pulsions obsessionnelles et mes peurs. Heureusement, je reçus enfin une première consultation avec un spécialiste du syndrome de Gilles de la Tourette, après une année d'attente. Cette rencontre arriva à point nommé, étant donné que mon état s'était aggravé en raison des circonstances anxiogènes.

Ce docteur exhibait une particularité qui me déconcentrait lorsqu'il me donnait des consignes. Il possédait des attributs sexuels masculins gigantesques; un très gros paquet. Ironiquement, je ne regardais jamais à cet endroit précis chez les hommes, mais lorsqu'une personne possède une particularité, je la fixe et demeure incapable de décrocher mon regard, un peu comme les enfants. Dans ce contexte-ci, je m'obligeais violemment à cesser de regarder à cet endroit, mais c'était très difficile, je revenais toujours à son organe. Je n'éprouvais aucun désir pour cet homme, mais sa protubérance sexuelle m'intimidait. Pendant qu'il me parlait, je m'interrogeais à savoir s'il était devenu docteur grâce à cette bosse imposante; lui aurait-elle alors donné ce gonflement d'ego nécessaire pour réussir en médecine ?

Avec ce syndrome, on dit que le cerveau doit être rééduqué, qu'il doit apprendre une nouvelle manière d'agir, en délaissant le plus possible le langage chaotique qu'il connaît déjà. Ce spécialiste au gros paquet me donna donc des trucs pour aider mon cerveau à contrebalancer les tics obsessionnels. Par exemple, lorsque je sentais la venue d'un tic, je devais prendre une pose particulière tant et aussi longtemps que la pulsion ne partait pas. Il me suggéra de faire la pose que les ballerines font; tête levée avec le menton entré par l'intérieur, pour éviter les tics de mouvements de tête brusques. Avec cette pose, je bloquais tous mouvements de tête. À la longue, le cerveau apprend à effectuer cette pose plutôt que de manifester des tics sans arrêt. Il imita ce geste fait par les ballerines afin que je comprenne mieux ce qu'il tentait de m'expliquer. De voir un homme aux attributs fort imposants en position de ballerine, fut pour moi encore plus déstabilisant. Il me suggéra également d'effectuer la technique de relaxation de Jacobson, qui consistait à contracter chaque partie de son corps pendant quelques secondes, puis de la décontracter le plus complètement possible. En réalisant ces exercices plusieurs fois par jour, après quelques semaines, ma respiration devint de plus en plus profonde. Le stress, mes tics et mes obsessions diminuèrent d'environ 5 à 10 %.

Maintenant, il était grand temps que je me trouve un logement afin de retrouver ma solitude rassurante. J'eus l'idée de communiquer avec le propriétaire, Mr Bellavance, pour lui demander si, à sa connaissance, il avait un logement de libre dans un autre de ses immeubles, car je savais qu'il en possédait une vingtaine à travers le Québec ; c'était un grand homme d'affaires. Il me répondit affirmativement, et me dit qu'il y en avait un que je pouvais même prendre immédiatement. Avant de m'y installer, je devais retourner à mon ancien immeuble pour récupérer quelques articles. Nous nous donnâmes rendez-vous, car seulement lui et ses concierges pouvaient y entrer, puisque les serrures avaient été changées. Une fois rendus à mon ancien appartement recouvert de suie, Mr Bellavance me frôla les cheveux avec sa main poussiéreuse. Je fus étonnée de son geste, mais j'en fus très heureuse. Cela faisait tant d'années que je n'avais plus aucun contact chaleureux avec un homme. Par la suite, il me prit dans ses bras en me serrant avec une force brutale. J'ai adoré ! Puis, il commença à manifester une agitation sexuelle et se mit à prononcer les mots « j't'adore, j't'adore, j't'adore » sans arrêt, un peu comme un obsessionnel compulsif ou un autiste, pour finir par se mettre à verser des larmes. Je trouvais son comportement à la fois suspect, car nous ne nous connaissions que très peu, et très touchant. Malgré tout, je ressentais également ce désir sexuel, mais je le refusais. Il insista cependant avec beaucoup de vigueur pour que je succombe. Je fus sauvée par un appel important sur son cellulaire. Il put reprendre ses esprits et me laissa continuer à empaqueter mes objets.

Quelques jours après mon déménagement, Mr Bellavance me rendit visite dans mon nouveau logement. J'ignorais ce que je ressentais précisément envers cet homme, mais le contraste entre sa grande virilité lorsqu'il m'avait prise avec rudesse dans ses bras, et l'expression ensuite de sa tendresse apparente, avec ses larmes authentiques ou factices, m'avait beaucoup déconcertée ; d'autant plus que je me sentais déstabilisée par ce déménagement forcé. Arrivé en face de moi, il me serra encore une fois très fort dans ses bras, au point que j'aie craint qu'il ne me cassât la colonne vertébrale. Sans doute ne connaissait-il pas sa propre force, ou était-il mû par une grande dépendance affective ? Malgré une certaine crainte, j'avais encore adoré. Je revivais la même sensation paisible que durant mon adolescence, lorsque je prenais dans mes bras ma chatte Puce. Depuis elle, c'était la première fois qu'un être, humain cette fois, réussissait à me détendre autant. Plus tard, je fus à même de comprendre pourquoi : cet homme était l'équivalent d'un félin. Après quelques semaines de tendresse extrême, nous fîmes l'amour pour la première fois. Je découvris alors un animal sauvage sous ses airs d'homme. Bien sûr, je n'avais aucune attirance zoophilique, mais ses caractéristiques inusitées le rendaient encore plus intéressant à mes yeux. Lorsqu'il était très excité, Mr Bellavance se mettait à grogner, pas d'un petit grognement comme on fait tous à l'occasion, mais d'un grognement authentique, comme un lion. Ensuite, il émettait un étrange bruit ressemblant à celui que font les chats lorsqu'ils se sentent agressés, la gueule ouverte, montrant leurs crocs. Parfois, encore sous l'effet de l'excitation sexuelle, il se transformait en une sorte de canard avec ses « coins coins » caractéristiques. Tout ce brouhaha de jouissance m'avait d'abord beaucoup étonnée, mais, en réalité, je me sentais rassurée. La satisfaction que je ressentais à percevoir l'équivalent de mon syndrome dans ses cris étranges de jouissances sexuelles, était beaucoup plus grande que la satisfaction sexuelle que j'éprouvais avec lui, mais cela me suffisait. Il me permettait indirectement de vivre sans gêne ma propre folie.

Après quelques mois de fréquentation avec cet homme, il se mit à manifester une agressivité toujours plus grande lors de l'acte sexuel. Une femme normale aurait certainement eu peur : moi, je percevais cela comme un jeu. Mon innocence pouvait cependant me mettre en danger. Avec un ton dominateur, voire presque de dictateur, il me contrôlait parfaitement, il me disait quoi faire ou ne pas faire. Je devais obéir à ses désirs, et ce, sans même savoir si j'en avais réellement envie. Il mentionnait à plusieurs reprises que ce qu'il faisait, c'était pour moi, pour me rendre heureuse. Manifestement, il me sous-estimait dans ma perspicacité. Malgré le fait que je fus consciente qu'il me manipulait, je me sentais quand même sous son emprise.

Par la suite, je voulus mettre un terme à cette relation malsaine. Cela prit trois mois avant que je réussisse. Je m'étais sentie ambivalente durant tout ce temps. Ce fut grâce à ma toilette défectueuse que je pus mettre fin à cette relation abusive. J'avais contacté Alejandro, un des concierges du propriétaire, afin qu'il puisse venir chez moi pour réparer la toilette. Alejandro était un latino d'origine, avec une grande tendresse dans les yeux, ainsi qu'une bonté et une délicatesse qui émanaient de lui. Cette journée-là, il s'était parfumé d'un parfum des plus envoûtants. Je ne pus m'empêcher de lui dire qu'il sentait très bon. Il me regarda avec des yeux remplis d'humidité, reflétant de vives émotions soudaines. Il partit, mais revint chez moi quelques jours plus tard, car la toilette avait encore quelques problèmes. Nous étions tous les deux très timides, inhibant ainsi notre communication, mais notre langage non verbal était très présent. Nous éprouvions beaucoup de désir à nous regarder. Étonnamment, je m'approchai de lui et je lui donnai un baiser sur la joue. Il baissa la tête timidement, ne sachant comment réagir, pour finalement m'embrasser doucement sur les lèvres. Je fus étonnée de nous-mêmes, nous qui étions deux grands timides. Finalement, nous avons continué à nous goûter les lèvres tout en nuances, en les effleurant et en les caressant du bout de la langue. Le mélange de baisers latino et occidental fut totalement délicieux. Étant donné qu'il avait une conjointe et un enfant, je n'avais aucune attente sérieuse. Il ne devait demeurer qu'un fantasme que mon inconscient utilisait pour m'affranchir. Lorsque je pensais à lui, et à ce baiser que nous avions eu, je sentais pour la première fois de ma vie que la vierge et la putain en moi pouvaient cohabiter. Je pouvais maintenant, dans mes fantasmes sexuels, être à la fois tendre, amoureuse, sexuelle et cochonne.

Grâce à Alejandro, ce nouveau fantasme amoureux dans ma vie, j'eus le courage de mettre un terme à ma relation avec le propriétaire, Mr Bellavance. Celui-ci se mit alors à me faire plusieurs propositions, pensant que cela pourrait m'influencer, et me faire changer d'idée. D'abord, il me dit qu'il désirait me faire un enfant, et que si j'acceptais, je pourrais avoir tout ce que je désirais. Étant multimillionnaire, il pouvait certainement m'offrir beaucoup, mais seulement au niveau matériel. Être faux envers soi-même dans le but d'obtenir des avantages matériels peut entraîner des répercussions désastreuses à moyen et long terme sur la santé physique et psychologique. Je préférais rester pauvre tout en restant fidèle à moi-même.

Beaucoup d'hommes ont un complexe d'infériorité en ce qui concerne leur métier, lorsqu'ils désirent séduire une femme. Certains vont même jusqu'à mentir dans le but d'être plus attirants. Pour ma part, je peux maintenant affirmer que la personne qui m'a le plus séduite est le tendre Alejandro, le concierge. On dit qu'il n'y a pas de sot métier, j'ajouterais que le métier n'est en aucune façon un indicateur de la richesse psychologique de la personne qui le pratique. Je ne tomberai plus jamais dans le piège des apparences : les trésors ne se trouvent pas toujours là où on peut le penser.

À présent, je goûte aux réelles saveurs de la vie, avec une plus grande confiance en moi. Je réussis de plus en plus à me libérer de la peur du ridicule en société, favorisant une plus grande acceptation de moi-même, de mes vulnérabilités et de mon syndrome. Mes tics font partie de moi et je n'en ai plus honte. J'aurai passé la moitié de ma vie à fuir le contact avec les autres, par crainte que l'on ne puisse apprécier la créature que j'incarnais. À trop centraliser mon attention sur mon nombril, j'ai gâché une bonne partie de ma vie. Maintenant, je regarde les gens pour ce qu'ils sont, et non en fonction de la peur que l'on rejette ce que je suis. Gilles de la Tourette est maintenant devenu mon ami. Parfois, il me taquine, et je lui fais une grimace pour lui signifier qu'il ne m'affecte plus autant qu'auparavant. À présent, il ne sait plus si mes grimaces sont causées par lui, ou par ma propre volonté. Gilles est maintenant déstabilisé. Peut-être qu'un jour il me quittera définitivement : je serais à la fois ravie et triste. On s'attache à nos souffrances lorsqu'elles perdurent pendant plusieurs années, comme une sorte de prison rassurante. En ce qui concerne les deux Annabelle : la publique et la privée, elles ont enfin fait connaissance. Elles s'apprivoisent progressivement. Je deviens une femme entière et accomplie. Je me suis affranchie du besoin névrotique de reconnaissance et de considération, puisqu'à présent, je me suis trouvée et reconnue. Ma conscience est devenue plus légère, la vie me paraît moins monstrueuse, et je me sens ainsi libre. Enfin ! J'ai réussi à sortir de mon labyrinthe névrotique.

Bibliographie

Blanchard, R. (2009). *Pedophilia, hebephilia, and the DSM-V.* Récupéré sur Pubmed US National Librairy of Medecine Institutes of Health: http://www.ncbi.nlm.nih.gov/pubmed/18686026

Catalan-Massé, S. (2015). *La trichotillomanie ou la manie de s'arracher les cheveux.* Récupéré sur Doctissimo: www.doctissimo.fr/psychologie/toc/trichotillomanie

David, B. (2015). *Érotomanie: quand l'amour déraisonne.* Récupéré sur Doctissimo: www.doctissimo.fr/html/sexualite/troubles/8589-erotomanie-amour-deraisonne.htm

Définition:Hypnagogique. (s.d.). Récupéré sur Psychomédia: www.psychomedia.qc.ca/lexique/definition/hypnagogique

Dehasse, J. (s.d.). *Hypersensibilité-Hyperactivité.* Récupéré sur http://www.joeldehasse.com/articles/a-français/hyperactivite.html

Dictionnaire français. (s.d.). Récupéré sur L'internaute: http://www.linternaute.com/dictionnaire/fr/definition/ephebophilie

Dictionnaire français. (s.d.). Récupéré sur L'internaute: www.linternaute.com/dictionnaire/fr/definition/frotteurisme

Dictionnaire médical. (s.d.). Récupéré sur Doctissimo: http://dictionnaire.doctissimo.fr/definition-depersonnalisation

Dictionnaire médical. (s.d.). Récupéré sur Doctissimo: http://dictionnaire.doctissimo.fr/definition-palilalie.htm

Dilts, R. (s.d.). *L'ancrage en PNL.* Récupéré sur Institut repère: www.institut-repere.com/PROGRAMMATION-NEURO-LINGUISTIQUE-PNL/institut-repere-base-documentaire-lancrage.html

Institut universitaire en santé mentale de Montréal. (s.d.). Récupéré sur CIUSSS: www.iusmm.ca/sante-mentale/schizophrenie.htm

Plessis, A. (2013). *Syndrome de Gilles de la Tourette:des tics et des troubles difficiles à vivre*. Récupéré sur Doctissimo: www.doctissimo.fr/html/psychologie/principale_maladies/15977-syndrome-tourette.htm

Rambert, M. (2015). *Adultes surdoués:comprendre leur différence*. Récupéré sur Psychologie.: www.psychologies.com/Moi/Se-connaitre/Comportement/Articles-et-Dossiers/Adultes-surdoues-comprendre-leur-difference

Risques des nouveaux somnifères. (s.d.). Récupéré sur Sommeil et médecine générale: www.sommeil-mg.net/spip/Risques-des-nouveaux-somniferes

Signification du léchage intempestif de mon chat. (s.d.). Récupéré sur Un amour de chat: www.unamourdechat.com

Sommeil retard de phase. (s.d.). Récupéré sur Notrefamille: http://sante-guerir.notrefamille.com/v2/services-sante/articlesante.asp?id_guerir=11353

Taillon, A. (2012). *La peur d'une dysmorphie corporelle: quand l'apparence devient une obsession*. Récupéré sur http://www.pdcbdd.com